VERSION ORIGINALE

A French course for English speakers | **Student's Book**

Monique Denyer

Agustín Garmendia

Marie-Laure Lions-Olivieri

Version Originale 1
A French course for English speakers | **Student's Book**

Authors
Monique Denyer, Agustín Garmendia, Marie-Laure Lions-Olivieri (Sections *Regards sur...* et *On tourne !*)

Pedagogical supervision
Christian Puren
Corinne Royer
Neus Sans

Managing editor
Lucile Lacan

Copy editors
Gema Ballesteros, Coryse Calendini

Translation
Nathalie K. Assayag

Design and layout
Besada+Cukar, Veronika Plainer

Illustrations
Pere Virgili
Roger Zanni

Picture research
Gema Ballesteros, Camille Bauer, Lucile Lacan

Recordings
Coordination : Coryse Calendini, Lucile Lacan
Recording studio: Blind Records

DVD
Screenplay: Katia Coppola, Martin Geisler, Lucile Lacan
Editorial direction: Katia Coppola, Lucile Lacan
Director: Massimiliano Vana LADA film
Producer: Martin Geisler
Assistant producer: Lyuba Dimitrova LADA film
Produced by: Karus Productions

Acknowledgements
The authors want to express their sincere thanks to all the people who have contributed to the writing and production of this course with their advice and corrections, in particular Katia Coppola, Philippe Liria, Christian Ollivier and Detlev Wagner.

Version Originale is based on the methodology developed and employed by the authors of the Spanish course *Aula*, and first published by Difusión, Barcelona in 2009. An adaptation of *Aula* for English-speaking students is also available.

© 2010 The authors and Difusión, Centre de Recherche et de Publications de Langues, S.L., Barcelona
ISBN European Schoolbooks Publishing (UK and Ireland): 978-0-85048-230-0
ISBN (international edition): 978-84-8443-693-5
Printed in Spain by Novoprint
Dépôt légal : B-16.787-2010
First edition June 2010

difusión
Français
Langue
Étrangère

C/ Trafalgar, 10, entlo. 1ª
08010 Barcelone (Espagne)
Tél. (+34) 93 268 03 00
Fax (+34) 93 310 33 40
fle@difusion.com

www.difusion.com

maison des langues

22, rue de Savoie
75006 Paris (France)
Tél. / Fax (+33) 01 46 33 85 59
info@emdl.fr

www.emdl.fr

Version Originale is a course for English-speaking adults and older teenagers with no prior knowledge of French. With the help of your teacher, and the explanations and instructions in this book, you can expect comfortably to achieve level A1 of the Common European Reference Framework for Languages (CEFRL). You will also have begun to take charge of your own learning, and to talk and act independently in French.

Version Originale is based on recent ideas about language learning that have been the subject of study and research in the Council of Europe (CoE) for more than fifteen years. Since 2001 these ideas have been embodied in the CEFRL, which sets out the objectives to be achieved at each of six levels, from A1 (beginners) to C2. Its importance can hardly be exaggerated. Citizens of the EU are free to live, study and work wherever they choose. Employers throughout the forty-seven member countries of the CoE depend on clear and widely recognised qualifications when choosing staff; so do educational establishments, from language schools to universities, when assessing foreign students. A CEFRL-based qualification may not be enough to get a job or a study place in Europe, but it is an almost essential prerequisite.

The 2001 version of the CEFRL defines a new task-based approach to language learning in which «... users and learners of a language are considered as actors in a social context, performing tasks - not always language-based - within a specific cultural and social environment». The communicative approach has been at the core of the CEFRL since the beginning. What is new, and is central to *Version Originale*, is the recommendation that learners become partners in an active social contract. Students are motivated to work in French because they and their teacher have together agreed that it is necessary to speak French in order to learn French. This 'contract' between teacher and students, implicit or explicit, moves the focus of learning from the individual student to the group and the class, requiring cooperation by all its members, and taking advantage of whatever each member can contribute.

Each of the eight Units of *Version Originale* Level 1 is arranged as follows:

1 PREMIER CONTACT

Text and pictures combine to give you a first contact with particular aspects of French life. You learn the words and phrases you need to get talking. You tackle the new language intuitively, using as much as possible of what you already know, such as words that look the same in French and English.

2 TEXTES ET CONTEXTES

In this phase, working with spoken and written texts, as well as a variety of photos and illustrations, you start to converse with your classmates, and especially to develop your comprehension skills. And you acquire the linguistic tools - vocabulary, grammar etc. - you will need to achieve the task which is the end objective of the Unit.

3 À LA DÉCOUVERTE DE LA LANGUE

Next, you will look at examples of French centred on particular linguistic features - grammar, vocabulary or pronunciation. After thinking about the meaning, you will try, with other students and/or your teacher, to discover a rule, and then to use that rule to produce new language of your own. Properly mastering the rules makes learning faster, and puts you in control.

4 OUTILS

The linguistic features presented in the Unit are formalised as 'linguistic tools' which serve to redefine and verify the rules you have discovered. At the end of the book there is a *Précis de grammaire* with fuller explanations, arranged by linguistic category.

5 OUTILS EN ACTION ET ... TÂCHES

Now follows a series of mini-tasks, each involving the use in context of some of the 'lingiuistc tools' learned in the Unit, and leading to a more substantial and complex final task. This requires the full range of language activities, and cooperation with other members of the class.

In parallel with each Unit, the dedicated website www.versionoriginale.difusion.com offers a further selection of web-based tasks, and allows students to communicate with, and exchange ideas with, other learners using the course.

6 REGARDS SUR ...

This section offers brief, up-to-date snapshots of social and cultural realities in different French-speaking countries. The section On tourne! features the DVD included in this book. It presents short scenes of daily life in the French-speaking world. It revises the topics tackled in the each Unit using a variety of activities to develop your comprehension skills and intercultural awareness.

PRÉPARATION AU DELF

Member countries of the CoE that have aligned their language teaching to the CEFRL have also aligned their related examinations. In France the beginners' examination is the DELF (Diplôme d'Etudes de Langue Française). This diploma is awarded by the French Ministry of Education and administered through various centres in France and around the world.

Whether or not you plan to take this exam, the tests and the *Journal d'apprentissage* –'learning diary' – provided after every two Units will allow you to monitor and record your progress, and highlight your strengths and weaknesses.

STRUCTURE DU LIVRE DE L'ÉLÈVE

- 8 Units, each of 12 pages
- 4 double-pages of tests
- 4 double-pages to keep a learning record
- Maps of France and the French-speaking world, and the European countries where French is spoken

- A grammar summary
- Conjugation tables
- Transcriptions of the audio recordings and the DVD
- An alphabetical index of all the language covered with page references

THE OPENING PAGES OF EACH UNIT
Observe and reflect

The therme

The project or task to be achieved

The skills to be learned

The language to be used

Pronunciation to be practised

Piste 00 — This symbol means that the activity includes an audio recording, and gives you the track number of the recording on the CD.

TEXTES ET CONTEXTES
stimulate you to react and interact with other students in the class.

This symbol means you may use a dictionary, but also that you should compile your own wordlist, to make yourself more independent.

The texts in red are models to guide you when you are being asked to react to something and produce new language of your own.

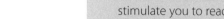
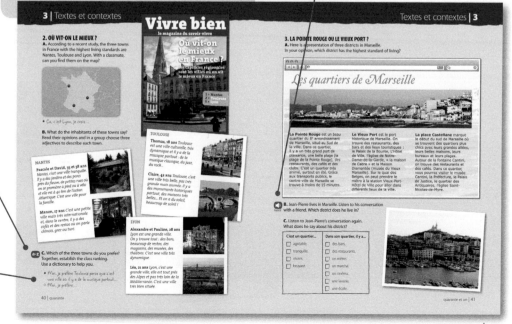

Dynamique des unités

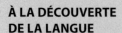

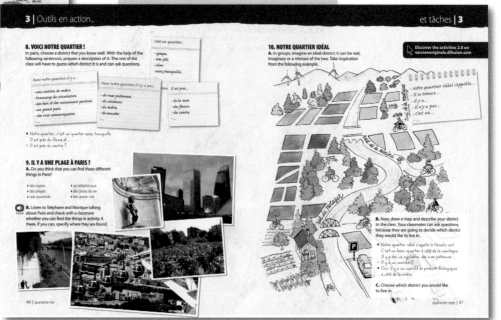

À LA DÉCOUVERTE DE LA LANGUE
texts to read, study and understand

This symbol indicates that you are being offered a strategy to help you learn better.

OUTILS
Tools to reinforce what you learn.

Build up your grammar.

Here, you listen, identify and pronounce the distinctive sounds of French.

OUTILS EN ACTION... ET TÂCHES
The moment when you put your new language to work and collaborate with a partner to develop a project and present it to the class.

The texts in blue are models of written French.

REGARDS SUR...
You read and observe features of French life, and compare them with your own country.

Each Unit ends with a short video to provoke reactions and stimulate discussion

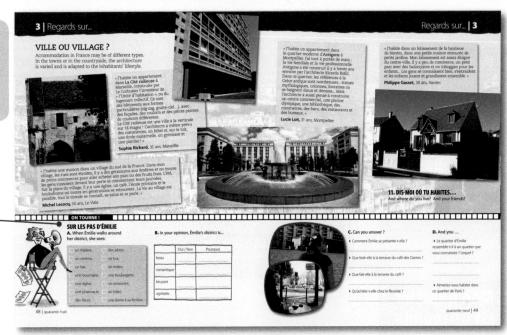

PRÉPARATION À L'EXAMEN DU DELF A1
Exercises to test your strengths and weaknesses whether or not you sit the DELF examination.

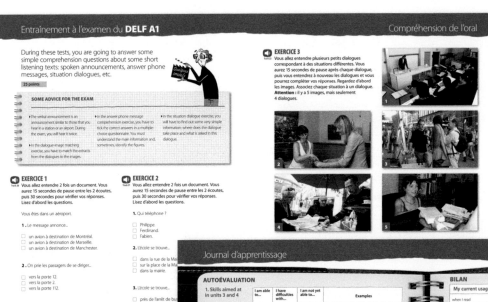

JOURNAL D'APPRENTISSAGE
The place where you check and record your progress.

Tableau des contenus

UNIT	TASK	TYPES OF TEXTS	COMMUNICATION
1. Parlez-vous français ?	Creating posters in French for the class	• Extract from the dictionary • Conversations at hotel reception • Tourism brochure • Bus timetables • Train ticket • Hotel and restaurant advertisements • Signposts • Information signs	• Greeting someone • Introducing oneself • Communicating in class • Spelling • Differentiating between using **tu** and **vous** • Consulting the dictionary • Applying reading strategies
2. Elle s'appelle Laura	Introducing a classmate	• Identity documents • Conversations with the school secretary • Post-it • Identity cards • Class list	• Introducing yourself or someone else • Asking for and giving personal information orally • Expressing objectives • Counting • Inquiring about nationality

Entraînement à l'examen du DELF : Compréhension des écrits

Journal d'apprentissage

UNIT	TASK	TYPES OF TEXTS	COMMUNICATION
3. Mon quartier est un monde	Describing our ideal district	• Shop business cards • Press article • Conversations about the curiosities of a town • Tourism guide • Internet Site • Photo album	• Locating • Describing and portraying a town or a district • Expressing quantity
4. Tes amis sont mes amis	Deciding whom we would like to invite into class	• Photo captions • Magazine articles • Blog • Spoken messages posted on a website • Interviews • Chat • Meeting site • Guessing games	• Talking about tastes, interests and hobbies • Talking about first impressions by someone and their character • Talking about one's friends and family

Entraînement à l'examen du DELF : Compréhension de l'oral

Journal d'apprentissage

UNIT	TASK	TYPES OF TEXTS	COMMUNICATION
5. Jour après jour	Making enquires about habits and giving prizes to classmates	• Tests • Knowledge game • Schedule • Conversation: talking about someone's typical day • Survey questionnaire • Statistical information	• Talking about our habits • Expressing time • Finding out about frequency, time, and the time of day • Talking about sequence of actions
6. On fait les boutiques ?	Changing someone's look thanks to the purchases made at the class market	• Clothing sales Internet site • List • Extracts from fashion magazines • Script for a film scene • Conversations about the weather • Conversations about dressing styles	• Finding out about a product • Buying and selling a product • Giving advice on a way of dressing • Talking about the weather

Entraînement à l'examen du DELF : Production orale

Journal d'apprentissage

UNIT	TASK	TYPES OF TEXTS	COMMUNICATION
7. Et comme dessert ?	Creating a menu to invite French people to our homes	• Menus • Lists of courses • Transaction conversations in restaurants • Test • Press articles • Extract from tourism guide	• Giving and asking for information about dishes and food • Ordering and taking an order in a restaurant • Expressing quantity • Placing an action in the future
8. Je sais bricoler	Describing our knowledge and skills to offer our services to our classmates	• Career guidance test • Introductory paragraphs • Extracts from biographies • Press articles • Small adverts • Conversations about stages of life	• Talking about past events • Talking about our experience and what we know how to do

Entraînement à l'examen du DELF : Production écrite

Journal d'apprentissage

1

Parlez-vous français ?

At the end of this unit, you will be able to create a poster in French for the classroom wall.

In order to do this you will learn to:
- greet people and introduce yourself
- spell in French
- communicate in class
- use strategies to understand a French text
- differentiate between **tu** and **vous**

You will use:
- the present tense of verbs ending in **-er** (s'appeler)
- the alphabet
- subject pronouns
- indefinite articles
- numbers from 1 to 20

You will work on the following point of spoken and written grammar:
- the pronunciation of vowels and their phonetic transcription

Formule Plaisir
20,90€

Entrée + plat
OU Plat + dessert

Entrées
Terrine de chèvre frais
OU Raviolines au crabe, sauce crustacés à la marjolaine
OU Assiette de 6 huîtres creuses de pleine mer N°4

Plats
Saumon frais cuit rosé à l'unilatéral, légumes grillés
OU Magret de canard aux pêches, gratin de pâtes

1. BIENVENUE
You probably already know quite a lot of French words. Look at these photos, and see how many you can find.

Vente à emporter

	€
Creuses de pleine mer n°4, les 6	6.60 €
Creuses de pleine mer n°2, les 6	9,90 €
Spéciales N°3, les 6	8,10 €

Le salon de thé
Le Boudoir
vous propose

Chocolat à l'ancienne
viennois, frappés
Une sélection de plus
de 60 Thés
Pâtisseries maisons Crumble
Cheesecake Banane,
macaron, canelé, scones
Cocktail de fruits frais
@ Accès Wi-Fi @

LE PROGRES
Estaminet

Café Bar

18° Arr
RUE
YVONNE
LE TAC

HEURE LIMITE DE DEPOT
16H30

AUTRES DESTINATIONS

GARE DE STRASBOURG

Suggestion du jour

* Tomate mozzarella 4.50
* Assiette de charcuteries 4.50

* Salade océane : 9.50
  salade, tomates, oeufs, saumon fumé,
  crevettes cocktail, crème fraîche,
  ciboulette

* Cuisse de poulet grillée 9.50
  jus au thym, frites-salade

TAXI
PARISIEN

2. BONJOUR TOUT LE MONDE

A. Your French teacher doesn't know you yet. Introduce yourself.

- Bonjour Madame / Monsieur, je m'appelle Laura Bosch.
- Bonjour Laura. Et vous ?
- Bonjour Madame / Monsieur, je m'appelle Hans.
- Hans comment ?
- Hans Zimmermann.

B. Write your first name on a piece of card and place it in front of you.

3. B COMME BERNARD

Here is the French alphabet. Do you know any more first names or other French words that start with each of these letters?

a. [a] comme Amélie	**j.** [ʒi] comme Juliette	**s.** [ɛs] comme Sophie
b. [be] comme Bernard	**k.** [ka] comme Karine	**t.** [te] comme toilettes
c. [se] comme Cécile	**l.** [ɛl] comme Léo	**u.** [y] comme Ulysse
d. [de] comme	**m.** [ɛm] comme	**v.** [ve] comme ....
e. [ø] comme Eugénie	**n.** [ɛn] comme Nicolas	**w.** [dubləve] comme Willy
f. [ɛf] comme fruits	**o.** [o] comme Olivier	**x.** [iks] comme Xavier
g. [ʒe] comme Gérard	**p.** [pe] comme	**y.** [igʀɛk] comme Yves
h. [aʃ] comme Hélène	**q.** [ky] comme Quentin	**z.** [zɛd] comme Zoé
i. [i] comme	**r.** [ɛʀ] comme	

4. SÉVERINE, STÉPHANE, MONIQUE ET PHILIPPE

 A. These four people are going to accompany you through this textbook. Listen as they introduce themselves and write down their surnames.

Track 01

1. Stéphane ....

2. Séverine ....

3. Monique ....

4. Philippe ....

B. Now tell your classmates your name and spell your surname or first name.

● *Je m'appelle Fabio Ceruti, C, E, R, U, T, I.*

5. CHAMBRE NUMÉRO 15

A. Here are the numbers from 1 to 20. Listen to them and try to remember them.

Track 02

1	un	8	huit	15	quinze
2	deux	9	neuf	16	seize
3	trois	10	dix	17	dix-sept
4	quatre	11	onze	18	dix-huit
5	cinq	12	douze	19	dix-neuf
6	six	13	treize	20	vingt
7	sept	14	quatorze		

B. Guests of this hotel arrive at reception. What are their room numbers?

Track 03

6. TROIS MOTS IMPORTANTS POUR MOI

a·z **A.** Think of three words that mean a lot to you. Do you know how to say them in French? Use your dictionary or ask your teacher.

- Comment dit-on « love » en français ?
- ○ Amour.
- Comment ça s'écrit ?
- ○ A, M, O, U, R.

B. Ask a classmate about his/her words.

- Voyager, amour, argent.
- ○ Argent, qu'est-ce que ça veut dire ?

LES MOTS POUR AGIR

- **Comment on dit** « ciao » **en français ?**
- **Comment ça s'écrit ?**
- **« Ami »**, **qu'est-ce que ça veut dire ?**

7. LA SALLE DE CLASSE

a·z **A.** Can you name the objects in the classroom? If necessary, use a dictionary to help you.
In French, all nouns have a gender: masculine or feminine (*m.* or *f.* in the dictionary).

book
n. m. livre

Chair
n. f.
chaise

WASTEPAPER BASKET
n. f. CORBEILLE

Dans notre classe, il y a...

Masculine singular	
un [œ̃] livre	un
un	un

Feminine singuiar	
une [yn] corbeille	une
une	une

Plural	
des [de] chaises	des élèves
des livres	des cahiers

 B. Complete the following rule.

- In general, to form the plural of a noun, we add the letter ☐ .

8. TROIS CROISSANTS, S'IL VOUS PLAÎT

DES SONS ET DES LETTRES

Track 04

A. Here are some words and their phonetic transcriptions. Listen and try to pick out the pronunciation of the vowels in bold type.

class**e** [klas] pag**e** [paʒ] tabl**e** [tabl]	the final **e** is not usually pronounced.
d**ou**ze [duz] v**ou**s [vu] bonj**ou**r [bɔ̃ʒuʀ]	**ou** is pronounced normally ....
tabl**eau** [tablo] chât**eau** [ʃato] **eau** [o]	**eau** is pronounced normally ....
cr**oi**ssant [kʀwasã] tr**oi**s [tʀwa] bons**oir** [bɔ̃swaʀ]	**oi** is pronounced normally ....
s'il vous pl**aî**t [silvuplɛ] franç**ai**s [fʀãsɛ]	**ai** is pronounced normally ....

B. Now try to pronounce the following surnames and first names. Practise with a partner.

LOU   **Aimé**   **Louise**

Amadou   **Marceau**   **Aurélie**

Loiseau   **Auguste**

Cécile   **Renée**

C. Do you know any other words containing these vowel combinations?

9. VOUS POUVEZ ME TUTOYER

A. In French, there are two ways of addressing someone. These people use different forms to greet each other. What differences do you notice?

B. How would these people address each other in English?

C. When talking with your classmates, will you use **tu** or **vous**? And when you speak to your teacher?

10. VOUS COMPRENEZ DÉJÀ BIEN

A. Look at this article. What is it about? Do you understand some of the words? Circle them. Compare your results with those of a classmate.

 B. Which of these features have helped you to undertand this text?

▸ A familiar type of text
▸ The illustrations
▸ The subject
▸ The similarity of certain words to English

De l'Atlantique à la Méditerranée, naviguez sur les terres du Sud.

Fabuleuse histoire que la construction du Canal du Midi, réalisée par Pierre-Paul Riquet à la fin du XVIIᵉ siècle, et auquel vint s'ajouter, en 1856, le Canal Latéral à la Garonne, aujourd'hui appelé Canal de Garonne.

Cette jonction permit de créer la grande voie commerciale tant attendue au sud de l'Europe, entre l'Atlantique et la Méditerranée. Les rivières, en partie navigables, le Lot et la Baïse, au cours tantôt sauvage, tantôt majestueux, viennent compléter ce vaste réseau fluvial. Aujourd'hui, avec de nouvelles embarcations, mais avec autant de charme, les Rivières et Canaux du Midi n'en finissent pas d'étonner les plaisanciers avides de découvertes hors des sentiers battus.

Ce réseau navigable offre la garantie de vacances riches, tranquilles et originales, alliant la diversité et la beauté des paysages à la chaleur et la complicité des gens du Sud. Les secteurs de navigation présentés dans cette brochure conviennent parfaitement au tourisme fluvial. D'autres riviè- res, en partie navigables, comme la Dordogne, l'Isle, l'Adour, le Tarn et l'Agoût, ainsi que L'Estuaire de la Gironde, le plus vaste d'Europe, méritent aussi qu'on y fasse escale.

RIVIÈRES ET CANAUX DU MIDI, MAISON DE LA FRANCE

Bienvenue sur les rivières et canaux du Midi !

BORDEAUX
CASTETS-EN-DORTHE
ST-CIRQ-LAPOPIE
AIGUILLON
BUZET-SUR-BAÏSE
AGEN
BEAUCAIRE
TOULOUSE
SÈTE
CARCASSONNE

Les curiosités touristiques

Cave ou vignoble

Musée

Ville, village ou bastide à visiter

Piste cyclable

Église, cathédrale

SPELLING

a. [a]	**h.** [aʃ]	**o.** [o]	**v.** [ve]
b. [be]	**i.** [i]	**p.** [pe]	**w.** [dubləve]
c. [se]	**j.** [ʒi]	**q.** [ky]	**x.** [iks]
d. [de]	**k.** [ka]	**r.** [ɛʀ]	**y.** [igʀɛk]
e. [ø]	**l.** [ɛl]	**s.** [ɛs]	**z.** [zɛd]
f. [ɛf]	**m.** [ɛm]	**t.** [te]	
g. [ʒe]	**n.** [ɛn]	**u.** [y]	

The names of letters are masculine.
• **le** a, **le** e…

Élève.

E accent aigu, L, E accent grave, V, E.

Vous pouvez épeler, s'il vous plaît ?

• Cahier.
○ **Comment ça s'écrit ?**
• **Avec un** h **entre le** a **et le** i : C, A, H, I, E, R.

PRONOUNS

TONIC STRESS	SUBJECTS	PRONOMINAL VERBS
moi	je / j'	me / m'
toi	tu	te / t'
lui / elle	il / elle	se / s'
nous	nous	nous
vous	vous	vous
eux / elles	ils / elles	se / s'

VERB ENDING IN –ER

S'APPELER [apɛl] / [apəl]

je m'appelle	nous nous appelons
tu t'appelles	vous vous appelez
il / elle / on s'appelle	ils / elles s'appellent

The highlighted words are all pronounced the same. [apɛl]

GREETINGS

• **Bonjour**, (Madame / Monsieur).
○ **Bonjour, comment allez-vous ?**

• **Salut** (Julien), **comment vas-tu ?**
○ **Ça va, et toi ?**

• **Salut** (Isa), **ça va ?**
○ **Ça va, et toi ?**

In French, the polite form is **vous** (second person plural).

• **Vous vous appelez** comment ?
○ Augustin Dupré. Et **vous** ?

• **Tu t'appelles** comment ?
○ Sylvie, et **toi** ?

INDEFINITE ARTICLES

	SINGULAR	PLURAL
MASCULINE	**un** cahier	**des** cahiers
FEMININE	**une** table	**des** tables

RESOURCES FOR COMMUNICATION IN CLASS

• **Comment dit-on** « Good morning» **en français ?**
○ Bonjour.

• **Qu'est-ce que ça veut dire**, « élève » ?
○ "Pupil".

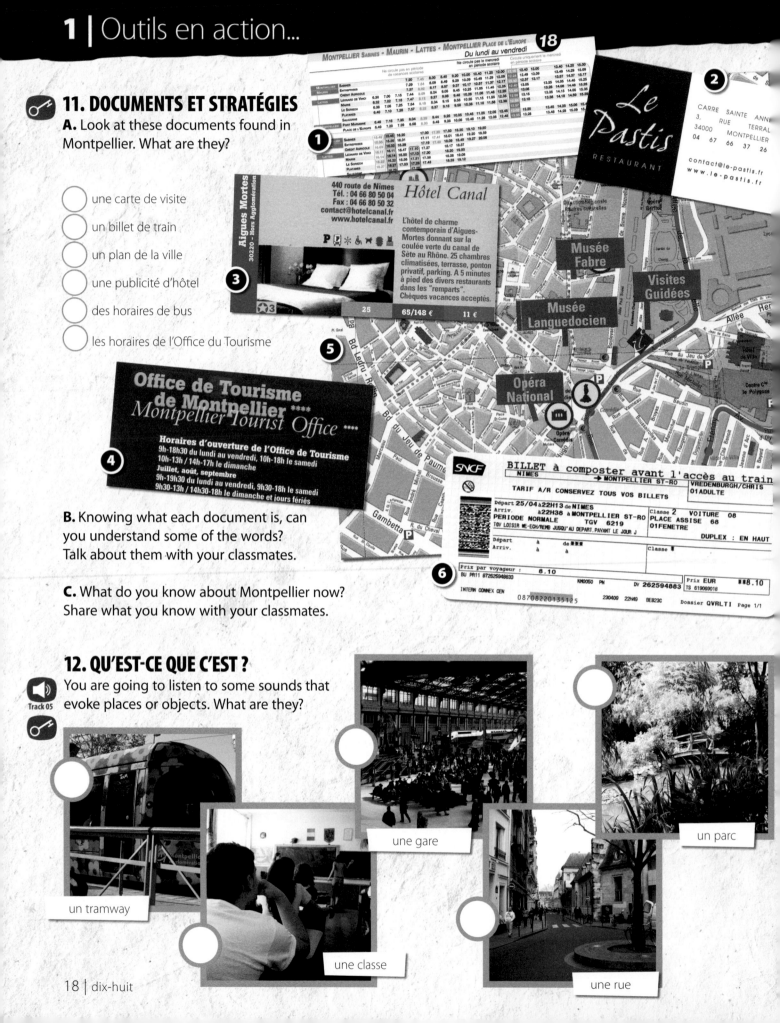

11. DOCUMENTS ET STRATÉGIES

A. Look at these documents found in Montpellier. What are they?

◯ une carte de visite

◯ un billet de train

◯ un plan de la ville

◯ une publicité d'hôtel

◯ des horaires de bus

◯ les horaires de l'Office du Tourisme

B. Knowing what each document is, can you understand some of the words? Talk about them with your classmates.

C. What do you know about Montpellier now? Share what you know with your classmates.

12. QU'EST-CE QUE C'EST ?

Track 05

You are going to listen to some sounds that evoke places or objects. What are they?

un tramway

une gare

un parc

une classe

une rue

13. LE MUR DE LA CLASSE

A. You are going to make posters to decorate your classroom walls. You will need:

▸ A list of students
▸ Useful French phrases and questions
▸ Your class's important words (page 14)
▸ Other ideas...

Discover the activities 2.0 on
versionoriginale.difusion.com

les phrases et les questions utiles en français

Qu'est ce que ça veut dire ?

les formules pour saluer

Bonjour
Comment vas-tu ?

la liste des élèves
Sofia   David   Alan

les mots importants pour notre classe

argent   amitié

voyage

livre   amour

B. You will be able to add to these posters throughout the year.

LE FRANÇAIS DANS LE MONDE

French is not spoken only in France.
It is found throughout the world.

LE MONDE DE LA FRANCOPHONIE

56 ÉTATS ET GOUVERNEMENTS MEMBRES DE L'OIF
14 OBSERVATEURS

ORGANISATION INTERNATIONALE DE LA FRANCOPHONIE

14. ILS PARLENT TOUS FRANÇAIS

A. On the page opposite find:

la capitale de la Belgique :

....

le jour de la fête nationale suisse :

....

la monnaie du Canada :

....

une spécialité française :

....

B. To what do the following numbers refer?

21 : ....

14 : ....

7 581 520 : ....

C. Now provide similar information about your own country.

CANADA

Capitale : Ottawa
Population : 33 576 126 hab.
Langues parlées : français, anglais
Monnaie : le dollar canadien
Plus grandes villes : Toronto, Montréal, Vancouver, Calgary, Ottawa, Edmonton, Québec…
Fête nationale : 1er juillet
Spécialité : le sirop d'érable
Domaine Internet : .ca

SUISSE

Capitale : Berne
Population : 7 581 520 hab.
Langues parlées : français, allemand, italien, romanche
Monnaie : le franc suisse
Plus grandes villes : Zurich, Genève, Bâle, Lausanne, Berne…
Fête nationale : 1er août
Spécialité : la fondue
Domaine Internet : .ch

BELGIQUE

Capitale : Bruxelles
Population : 10 666 866 hab.
Langues parlées : français, néerlandais, allemand
Monnaie : l'euro
Plus grandes villes : Anvers, Bruges, Bruxelles, Charleroi, Gand, Liège, Namur…
Fête nationale : 21 juillet
Spécialité : les moules frites
Domaine Internet : .be

FRANCE

Capitale : Paris
Population : 65 073 482 hab.
Langues parlées : français
Monnaie : l'euro
Plus grandes villes : Paris, Lyon, Marseille, Lille, Toulouse, Nice, Bordeaux, Nantes…
Fête nationale : 14 juillet
Spécialité : la baguette
Domaine Internet : .fr

ON TOURNE !

PARIS

A. Tick the words that you see in the video.

- [ ] taxi
- [ ] restaurant
- [ ] bar
- [ ] boulangerie
- [ ] métro
- [ ] Poste
- [ ] parisien
- [ ] jazz
- [ ] croissant
- [ ] boutique
- [ ] téléphone
- [ ] théâtre
- [ ] Trocadéro
- [ ] café

B. Choose four photos to represent the capital of your country.

2

Elle s'appelle Laura

At the end of this unit, you will be able to introduce a classmate.

To do this you will learn to:
- ask for and give personal information
- express objectives
- inquire about nationality

You will use:
- the verbs **être** and **avoir**
- verbs ending in **-er** (**travailler**)
- nationality adjectives
- vocabulary for identity
- vocabulary for expressing tastes and interests
- numbers from 21 to 100

You will work on the following grammar point:
- the masculine and feminine forms of adjectives

Christian Brenot
Architecte
06 87 46 37 28
christian.brenot@version.vo

UNIVERSITÉ DE LYON
Carte d'étudiant
Jia Xiangru
N° étudiant: 111 021 125

Premier contact

1. IDENTITÉS
Look at the photos and documents and fill in the missing information:

▸ Christian Brenot travaille dans le bâtiment. Il a 35 ans et il est français. Son courriel est

....

▸ .... est étudiante. Elle a 22 ans et elle est chinoise.

▸ Ahmed travaille dans un restaurant. Il est .... et il a 55 ans.

▸ Éric est guide touristique sur un bateau-mouche. Il a ...... ans et il est français.

2. QUI EST-CE ?

A. They are famous and they all speak French: can you match each photo to the corresponding profession and nationality?

Rachid Taha

Zep

C'est un **chanteur**, il est **algérien**.

C'est un **dessinateur de BD (Titeuf),** il est **suisse**.

C'est un **joueur de basket**, il est **français**.

Cécile De France

Linda Lemay

C'est une **actrice**, elle est **belge**.

C'est une **actrice**, elle est **française**.

Tony Parker

C'est une **écrivaine**, elle est **française**.

Audrey Tautou

C'est une **chanteuse**, elle est **québécoise**.

Anna Gavalda

B. Do you know any other French-speaking celebrities? Say their names: your classmates must guess their professions and their nationalities.

- Johnny Hallyday.
- C'est un chanteur ; il est belge.
- Non, il est français !

3. POURQUOI ÉTUDIER LE FRANÇAIS ?

A. Here are eight possible reasons for studying French. What are they?

.... pour voyager

.... pour lire en français

.... pour le travail

.... pour vivre en France

.... pour étudier en France

.... pour parler avec des amis

.... pour le C.V.

.... pour le plaisir

a·z **B.** Tell the class why are you studying French.
Use a dictionary to help you.

● Moi, pour voyager.

○ Et moi, …

4. DANS LA MODE

A. Match each of these people to a sentence below.

Régis Magne
Laurent Royer
Marc Soulier
Léo Saugner
Cathy Solers
Loïc Garnier
Vincent Blanc
Philippe Durand

Je travaille dans le tourisme. ▸ ...... Marc Soulier ......

Je travaille dans l'enseignement. ▸ ....

Je travaille dans la mode. ▸ ....

Je travaille dans les affaires. ▸ ....

Je travaille dans le bâtiment. ▸ ....

Je travaille dans l'informatique. ▸ ....

Je travaille dans l'audiovisuel. ▸ ....

Je fais des études d'archéologie. ▸ ....

Track 06

B. Listen to the conversation between the guide and the receptionist and check your answers.

C. And you?

- Et vous, qu'est-ce que vous faites dans la vie ?
- Je travaille dans la mode.

5. MICHEL EST FRANÇAIS

DES SONS ET DES LETTRES

Track 07

A. Listen to the following sentences. Are they talking about a man or a woman?

	♂	♀	?
1. Claude			
2. Michel / Michelle			
3. Frédérique			
4. Daniel / Danièle			
5. Dominique			
6. Pascal / Pascale			

B. In pairs, prepare five sentences following this example. Read them out to your classmates, who have to guess whether you are talking about a man or a woman.

- C'est une étudiante allemande.
- C'est une femme.

6. VINGT, TRENTE, QUARANTE...

A. Here are the numbers from 21 to 100. Write down the ones that are missing and then listen to the recording to check.

Track 08

21 vingt et un	**37** trente-sept	**53** cinquante-trois	**69** soixante-neuf	**85** quatre-vingt-cinq
22 vingt-deux	**38** trente-huit	**54** cinquante-quatre	**70**	**86** quatre-vingt-six
23 vingt-trois	**39** trente-neuf	**55** cinquante-cinq	**71** soixante et onze	**87** quatre-vingt-sept
24 vingt-quatre	**40** quarante	**56** cinquante-six	**72** soixante-douze	**88** quatre-vingt-huit
25 vingt-cinq	**41** quarante et un	**57** cinquante-sept	**73** soixante-treize	**89** quatre-vingt-neuf
26 vingt-six	**42** quarante-deux	**58**	**74**	**90** ....
27 vingt-sept	**43** quarante-trois	**59** cinquante-neuf	**75** soixante-quinze	**91** quatre-vingt-onze
28 vingt-huit	**44** quarante-quatre	**60** soixante	**76** soixante-seize	**92** quatre-vingt-douze
29	**45**	**61** soixante et un	**77** soixante-dix-sept	**93** quatre-vingt-treize
30 trente	**46** quarante-six	**62** soixante-deux	**78** soixante-dix-huit	**94** ....
31	**47** quarante-sept	**63** soixante-trois	**79** soixante-dix-neuf	**95** quatre-vingt-quinze
32 trente-deux	**48** quarante-huit	**64** soixante-quatre	**80** quatre-vingts	**96** quatre-vingt-seize
33 trente-trois	**49** quarante-neuf	**65**	**81**	**97** quatre-vingt-dix-sept
34 trente-quatre	**50** cinquante	**66** soixante-six	**82** quatre-vingt-deux	**98** quatre-vingt-dix-huit
35 trente-cinq	**51**	**67** soixante-sept	**83**	**99** quatre-vingt-dix-neuf
36	**52** cinquante-deux	**68** soixante-huit	**84** quatre-vingt-quatre	**100** cent

B. What do you find surprising about any of them?

C. Listen to these brief dialogues and fill in the Post-It notes with the missing numbers.

Track 09

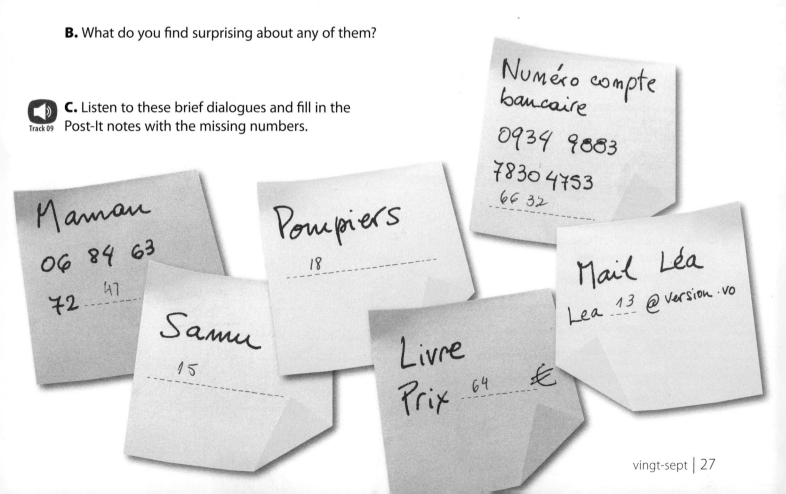

7. AU SECRÉTARIAT

Track 10

A. Three students are doing an evening class. The school secretary asks them for some personal information. Fill in the following cards.

Nom :
Prénom :
Nationalité :
Âge :
Profession : *employée de banque*
Téléphone :
Adresse électronique :

Nom :
Prénom :
Nationalité :
Âge :
Profession : *étudiant*
Téléphone :
Adresse électronique :

Nom :
Prénom :
Nationalité :
Âge :
Profession : *professeure au collège*
Téléphone :
Adresse électronique :

B. In turn, answer the following questions.

Comment vous appelez-vous ?

....

Quel âge avez-vous ?

....

Que faites-vous dans la vie ?

....

Quelle est votre adresse électronique ?

....

Quel est votre numéro de téléphone ?

....

Quelle est votre nationalité ?

....

a›z **C.** Ask a classmate these questions and fill in his / her card.

Nom :
Prénom :
Nationalité :
Âge :
Profession :
Téléphone :
Adresse électronique :

▲ ASKING FOR AND GIVING PERSONAL INFORMATION

SURNAME / FIRST NAME
- **Vous vous appelez comment ?**
- **Je m'appelle** Laura Agni.

PROFESSION
- **Qu'est-ce que** /kɛskə/ **vous faites dans la vie ?**
- **Je travaille dans** le tourisme.
  Je suis étudiante.
  Je suis au chômage.
  Je suis à la retraite.

TELEPHONE NUMBER
- **Quel est votre numéro de téléphone ?**
- **(C'est le)** 06 34 62 35 41.

EMAIL ADDRESS
- **Quel est votre courriel ?**
- **(C'est)** sophie80@version.vo.

AGE
- **Vous avez quel âge ?**
- **J'ai** 18 ans.

NATIONALITY
- **Quelle est votre nationalité ?**
- Je suis française, d'origine marocaine.

 In more polite or formal language, we use verb-subject inversion to ask questions.

- **Quel âge avez-vous ?**
- **Êtes-vous étudiante ?**

▲ ADJECTIVES OF NATIONALITY

MASCULINE ENDING IN A CONSONANT	FEMININE: -E
français	française

MASCULINE ENDING IN -IEN	FEMININE: -IENNE
italien	italienne
canadien	canadienne

MASCULINE ENDING IN -E	FEMININE: DOES NOT CHANGE
suisse	
belge	

allemand [almɑ̃]	→	allemande [almɑ̃d]
français [fʁɑ̃sɛ]	→	française [fʁɑ̃sɛz]
marocain [maʁɔkɛ̃]	→	marocaine [maʁɔkɛn]
italien [italjɛ̃]	→	italienne [italjɛn]

▲ ÊTRE AND AVOIR

ÊTRE	AVOIR
je **suis**	j'**ai**
tu **es**	tu **as**
il / elle / on **est**	il / elle / on **a**
nous **sommes**	nous **avons**
vous **êtes**	vous **avez**
ils / elles **sont**	ils / elles **ont**

 vous êtes [vuzɛt] nous avons [nuzavɔ̃] vous avez [vuzave] ils ont [ilzɔ̃]

▲ VERBS ENDING IN -ER

TRAVAILLER [tʁavaj]

je travaille	nous travaillons
tu travailles	vous travaillez
il / elle / on travaille	ils / elles travaillent

 [tʁavaj]

▲ EXPRESSING PURPOSE

pour + VERB IN INFINITIVE Il étudie le français pour voyager.

pour + NOUN Il étudie le français pour le travail.

▲ NUMBERS

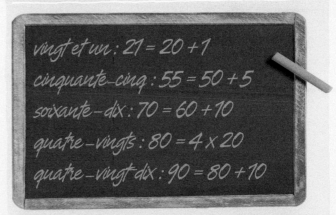

vingt et un : 21 = 20 + 1
cinquante-cinq : 55 = 50 + 5
soixante-dix : 70 = 60 + 10
quatre-vingts : 80 = 4 × 20
quatre-vingt dix : 90 = 80 + 10

21 → vingt **et** un   31 → trente **et** un   41 → quarante **et** un...

 81 → quatre-vingt-un   91 → quatre-vingt-onze

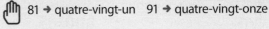
In Belgium,
70 : septante
80 : quatre-vingts
90 : nonante

In Switzerland,
70 : septante
80 : huitante
90 : nonante

8. LOTO !

A. Here is your lotto card to play. First write the numbers in words.

B. Now you are going to play. Make your own card: choose eleven numbers from the sixteen suggested.

Track 11

27	83	60	72
vingt-sept			
61	92	11	6
44	37	26	66
96	5	14	74

9. LE PREMIER JOUR DE CLASSE

Track 12

A. Séverine talks about her first day of class. Listen to her and circle the names of the students in her class.

B. Listen again: what information do you learn about Séverine's classmates?

M + markplus
École de Marketing

Première année

Alice	Antonio
Fouad	David
Éli	Mamadou
Keiko	Andrea
Hanae	Karen
Claudia	

David est ....

.... est ....

.... est ....

.... a ....

.... a ....

10. LE PORTRAIT DE...

A. Interview a classmate you don't know very well and write down what you find out, in the same form as this example.

B. Now create his/her portrait. You can add a photo or a caricature.

Discover the activities 2.0 on versionoriginale.difusion.com

Elle s'appelle Laura Fidecci.
Elle est italienne.
Elle a 17 ans.
Elle est étudiante.
Son adresse électronique est laurafidecci@version-vo.it.
Elle étudie le français pour...
...

italienne

laurafidecci@version-vo.it

17 ans

Laura Fidecci

Étudiante

aller vivre en France

C. Stick this portrait on the classroom wall and introduce your classmate.

LES PRÉNOMS DANS LES PAYS FRANCOPHONES

Certain first names are typical of their era:

> **Dans les années 40 et 50...**
> Robert, Charles, Gérard, Jacqueline et Monique.

> **Dans les années 60...**
> Marie-France et Jean-Luc.

> **Dans les années 70...**
> Valérie et Stéphanie.

ON TOURNE !

LE MONDE D'HÉLÈNE

A. What can you see in Hélène's office?

☐ un téléphone	☐ des ordinateurs	☐ une lampe
☐ un client	☐ des livres	☐ du café
☐ un plan	☐ une plante	☐ des croissants

B. What is Hélène's profession?

☐ chanteuse	☐ actrice	☐ dessinatrice
☐ architecte	☐ écrivaine	☐ professeure

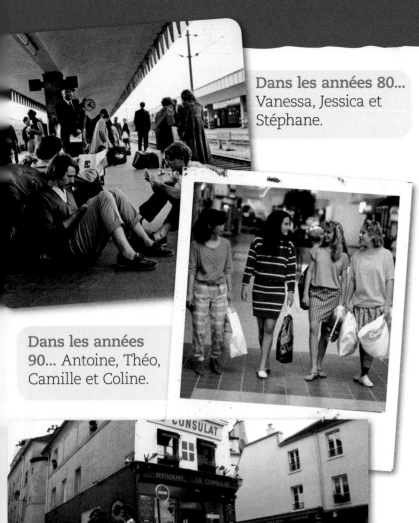

Dans les années 80...
Vanessa, Jessica et Stéphane.

Dans les années 90... Antoine, Théo, Camille et Coline.

Dans les années 2000...
Léa, Léo, Inès et Lola.

En 2009, les 10 prénoms à la mode en France et au Québec

France

Filles	Garçons
Emma	Mathis
Clara	Mathéo
Maëlys	Enzo
Louane	Nathan
Jade	Noah

Québec (Canada)

Filles	Garçons
Léa	Thomas
Florence	William
Rosalie	Gabriel
Laurence	Samuel
Emma	Alexis

SOURCE: PARENT.FR - BABYNAMES.COM

11. ET CHEZ VOUS ?

What are the most fashionable names in your country...
▸ at the moment,
▸ amongst people your age.

C. What is the name of...

▸ Hélène's colleague?
- [ ] J.B.
- [ ] Gilles
- [ ] Gilbert

▸ Hélène's friend?
- [ ] Marianne
- [ ] Marion
- [ ] Mado

D. Watch and listen to Hélène.

	tutoie
	vouvoie
	dit « Ça va ? »
	dit « Bonjour »
Hélène	dit « Salut tout le monde ! »
	dit « Est-ce que vous voulez un café ? »
	dit « Salut »

(à) ses collègues
(à) son client
(à) son amie

E. And how do you greet...

▸ work colleagues?

....

▸ clients?

....

▸ friends?

....

In these exercises, you are asked some simple comprehension questions based on short documents concerned with people's identities.

25 points

SOME ADVICE FOR THE EXAM

▸ There are several types of document that can give information about a person's identity. Try first to recognize what type of document you are looking at (business card, address book, administrative document…). To do this, look at how it is presented: format, organisation of words on the page, titles…

▸ So you don't waste time, read the questions carefully before you read the document itself.

▸ In general, the questions do not require you to understand everything; they ask for some very precise information, and only that particular information. Don't worry about the rest.

▸ To find out what information the question is asking for, look for the key word: **qui**, **où**, **quel** + noun, **combien**…

EXERCICE 1

Observez le document suivant et répondez aux questions ci-dessous.

28 | DEMOULIN

DEMOULIN Sophie 6 place du 14 juillet 04 66 47 08 33	**DENAIS Nicolas** 6 chemin de cuges 04 66 48 56 65	**DEVELIN Lucie** 87 rue du Torrent 04 66 48 55 43
DEMOULIN Antoine 235 rue de la Liberté 04 66 47 14 28	**DENANT Julien** 67 rue Bel air 04 66 47 96 45	**DEWITTE Charles** 77 bis bd Gambetta 04 66 47 67 86
DEMOULIN Vincent 14 bd du Général de Gaulle 04 66 47 55 09	**DENANT Vincent** 67 bd Gambetta 04 66 47 33 33	**DI CARO Alexandre** 2 rue des Capucines 04 66 47 43 09
DEMUS Albert 6 rue des Fleurs 04 66 48 67 33	**DENNER Vincent** 29 rue de la Liberté 04 66 47 02 43	**DIALLO Camille** 1 rue Victor Hugo 04 66 47 34 00
DEMUS Caroline 15 impasse du Couvent 04 66 47 02 24	**DENOIS Caroline** 5 rue du marché 04 66 47 46 65	**DICAIRE Bertrand** 33 rue du Torrent 04 66 48 54 75
DEMY Serge 3 bd Robespierre 04 66 47 99 45	**DENOIS Coryse** 3 place Marcel Pagnol 04 66 47 89 56	**DILLOM Léo** 9 rue de la Banque 04 66 47 14 11

1 . Cette page est…

☐ une page d'un carnet d'adresses.

☐ une page d'un annuaire téléphonique.

☐ une page de dictionnaire.

2 . Quel est le numéro de téléphone de Monsieur Demy ?

3. Quelle est l'adresse de Madame Demoulin ?

....

....

4. Qui habite rue des Capucines ?

....

EXERCICE 2

Observez le document suivant et répondez aux questions ci-dessous.

ÉCOLE DE LANGUE
LE FRANÇAIS POUR TOUS
BRUXELLES

Classe :
FLE c – A1
Professeur :
Mme Dufresne M

Nom	Prénom	Nationalité	Date de naissance	Profession	Adresse
Antoniu	Elena	grecque	16/02/45	sans	29 avenue du Châtelain
Baranov	Andreï	russe	04/05/76	informaticien	22 bd Léopold II
Borodine	Vineta	russe	23/11/66	fonctionnaire européenne	14 place du Roi vainqueur
Borusov	Elian	moldave	15/09/76	ouvrier chauffagiste	2 place Victor Hugo
Chen	Jifeng	chinois	22/05/74	violoniste	30 avenue de la Ramée
Garcia Garcia	Esmeralda	espagnole	07/08/47	retraitée	4 avenue du Bois du Pont
Murakuyo	Haruki	japonais	30/12/54	journaliste	6 place Danco
Park	Choi Eun	coréenne	22/11/83	étudiante	365 Chaussée de Tours
Smith	Margaret	danoise	08/06/64	fonctionnaire européenne	6 place du Sablon
Timisu	Yoko	japonaise	13/05/76	traductrice	6 rue St Pierre
Vandenbossche	Bart	hollandais	06/04/67	avocat	2 rue du Marais

1. Ce texte est…

☐ la liste des amis d'un élève.

☐ une liste du secrétariat d'une école.

☐ le carnet d'adresses d'un élève.

2. Aidez Maryse Dufresne, professeur de français de cette classe, à faire quelques statistiques. Écrivez en toutes lettres :

▸ Combien y a t-il d'élèves ? ....

▸ Combien y a t-il d'hommes (H) et de femmes (F) ? :

H ....

F ....

▸ Combien y a t-il de nationalités différentes ?

....

3. Retrouvez :

▸ qui travaille dans la construction. ....

C'est ....

▸ qui travaille dans la presse. ....

C'est ....

▸ qui travaille dans la musique. ....

C'est ....

▸ qui est l'élève le plus jeune.

....

▸ qui est l'élève le plus âgé.

....

4. Complétez le tableau suivant

	Vrai	Faux	Justification
Le prénom de Monsieur Chen est Haruki.			
Madame Antoniu vit avenue du Châtelain.			
Mesdames Smith, Borodine et Park sont fonctionnaires européennes.			
Yoko Timisu est avocate.			
Esmeralda Garcia Garcia ne travaille pas.			
Vineta Borodine est moldave.			

PROGRESS REPORT

1. Skills targeted in units 1 and 2	I am able to...	I find it difficult to...	I am not yet able to...	Examples
greet someone				....
introduce myself with **s'appeler**				....
introduce someone with **s'appeler, c'est...**				....
ask someone for their contact details				....
spell				....
count				....
communicate in class				....

2. Knowledge targeted in units 1 and 2	I know, and use correctly ...	I know, but have difficulties with ...	I don't yet know...
the alphabet			
the indefinite articles: **un**, **une**, **des**			
the present tense of **s'appeler** and verbs ending in **–er**			
the present tense of **être** and **avoir**			
the feminine of adjectives of nationality			
vocabulary for classroom objects			
vocabulary for identity			

BALANCE SHEET

My current ability in French	☼	◐	☁	☁
reading				
listening				
speaking				
writing				
performing tasks				

My current knowledge	☼	◐	☁	☁
of grammar				
of vocabulary				
of pronunciation and spelling				
of French geography/lifestyles/culture				

At this stage, my strong points are: ....

....

At this stage, my difficulties are: ....

....

Ideas for practising/improving	in class	outside class (at home, in the street...)
my vocabulary		
my grammar		
my pronunciation and spelling		
my reading practice		
my listening practice		
my oral work		
my written work		

You may want to compare your progress with other members of your class.

3

Mon quartier est un monde

At the end of this unit, you will be able to describe your ideal district.

In order to do this you will learn to:
· describe and portray a town or a district
· locate places
· express quantity

You will use:
· the present tense of **vivre**
· il y a / il n'y a pas
· definite articles
· prepositions of place
· descriptive adjectives

You will work on the following areas of pronunciation:
· intonation in French
· contrast [e] / [ə] in le / les

Charcuterie **Josse**

Ouvert du lundi au vendredi de 9h à 13h et de 14h à 18h

30 rue Chappe, 75018 Paris
Tél : 01 42 88 34 21

RESTAURANT

DAME TARTINE

15 rue des Fleurs • 75018 Paris
ouvert tous les jours à partir de midi

BARBARA BUI
MODE FEMME

www.barbarabui.vo

Librairie des Abbesses

Ouverture du lundi au samedi
Lundi : 14h à 19h
Mardi à Vendredi : 9h30 à 12h30 / 14h à 19h
Samedi : 10h à 13h / 14h à 19h

Alimentation générale

1 rue des Fleurs · 75018 Paris · Tél : 01 48 87 87 73

MONCEAU FLEURS

livraison à domicile
01 42 35 67 49
1 rue Émile Zola
75018 Paris

Premier contact

1. RUE DU PARADIS

A. What is there in this district?

Il y a...	Oui	Non
une pharmacie.	☐	☐
un restaurant.	☐	☐
un parc.	☐	☐
un fleuriste.	☐	☐
des bars.	☐	☐
des magasins.	☐	☐

B. Look at the business cards:
how is the address written in French?

2. OÙ VIT-ON LE MIEUX ?

A. According to a recent study, the three towns in France with the highest living standards are Nantes, Toulouse and Lyon. Working with a partner, can you find them on the map?

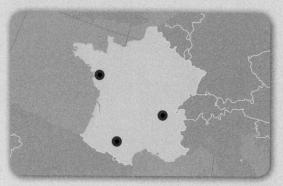

• Ça, c'est Lyon, je crois…

B. Read what some inhabitants of these towns say, then form a group and choose three adjectives to describe each town.

NANTES

Pascale et David, 35 et 38 ans *Nantes, c'est une ville tranquille. Il y a des jardins et des parcs près du fleuve, de petites rues où on se promène à pied ou à vélo et elle est à 40 km de l'océan Atlantique. C'est une ville pour la famille.*

Manon, 17 ans *C'est une petite ville mais très internationale et, dans le centre, il y a des cafés et des restos où on parle chinois, grec ou turc.*

C. Which of the three towns do you prefer? Rank them according to the preferences of the whole class. Use a dictionary to help you.

• Moi, je préfère Toulouse parce que c'est une ville où il y a de la musique partout…
○ Moi, je préfère…

Vivre bien
le magazine du savoir-vivre

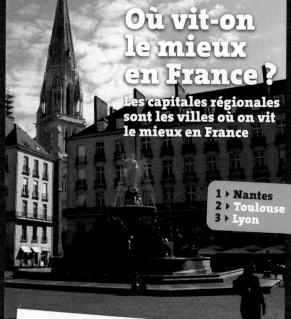

Où vit-on le mieux en France ?

Les capitales régionales sont les villes où on vit le mieux en France

1 ▶ **Nantes**
2 ▶ **Toulouse**
3 ▶ **Lyon**

TOULOUSE

Thomas, 18 ans *Toulouse est une ville culturelle, très dynamique et il y a de la musique partout : de la musique classique, du jazz, du rock…*

Claire, 42 ans *Toulouse, c'est une ville très belle, pas très grande mais animée. Il y a des monuments historiques partout, des maisons très belles… Et on a du soleil, beaucoup de soleil !*

LYON

Alexandre et Pauline, 28 ans *Lyon est une grande ville. On y trouve tout : des bars, beaucoup de restos, des magasins, des musées, des théâtres. C'est une ville très dynamique.*

Léa, 21 ans *Lyon, c'est une grande ville, elle est tout près des Alpes et pas très loin de la Méditerranée. C'est une ville très bien située.*

3. LA POINTE ROUGE OU LE VIEUX PORT ?

A. Here are descriptions of three districts in Marseille.

In your opinion, which district has the highest standard of living?

Les quartiers de Marseille

La Pointe Rouge est un beau quartier du 8ᵉ arrondissement de Marseille, situé au Sud de la ville. Dans ce quartier, il y a un très grand port de plaisance, une belle plage (la plage de la Pointe Rouge), des restaurants, des cafés et des clubs. C'est un quartier très animé, surtout en été. Grâce aux transports publics, le centre-ville de Marseille se trouve à moins de 15 minutes.

Le Vieux Port est le port historique de Marseille. On trouve des restaurants, des bars et des lieux touristiques : le Palais de la Bourse, L'Hôtel de Ville, l'église de Notre-Dame-de-la-Garde, « la maison de Cabre » et la Maison Diamantée (musée du Vieux Marseille). Sur le quai des Belges, on peut prendre le métro à la station Vieux-Port-Hôtel de Ville pour aller dans différents lieux de la ville.

La place Castellane marque le début du sud de Marseille où se trouvent des quartiers plus chics avec leurs grandes allées, leurs belles maisons, leurs bureaux et leurs plages. Autour de la fontaine Cantini, on trouve des restaurants et des cafés. Dans ce quartier, vous pourrez visiter le musée Cantini, la Préfecture, le Palais de Justice, le quartier des Antiquaires, l'église Saint-Nicolas-de-Myre.

B. Jean-Pierre lives in Marseille. Listen him talking with a friend. Which district does he live in?

Track 13

C. Listen again. What does he say about his district?

C'est un quartier...	Dans son quartier, il y a...
☐ agréable.	☐ des bars.
☐ tranquille.	☐ des restaurants.
☐ vivant.	☐ un métro.
☐ bruyant.	☐ un marché.
	☐ un cinéma.
	☐ une laverie.
	☐ une école.

4. WEEK-END À PARIS

A. A travel agency offers you these three packages for spending a weekend in Paris. Which would you choose?

Votre meilleur week-end à Paris !

2. Le Paris shopping
Les galeries Lafayette, les grands boulevards, le marché aux puces de Clignancourt, le boulevard Barbès, la Place Vendôme, Châtelet-les-Halles.

1. Le Paris classique
La tour Eiffel, la place de la Concorde, l'avenue des Champs-Elysées, l'Arc de Triomphe, la cathédrale de Notre-Dame de Paris, le Sacré-Cœur, une balade sur les quais de Seine, un spectacle au Moulin Rouge.

3. Le Paris multiculturel
Le quartier de la Goutte d'or, le quartier chinois, le marché Dejean, le musée du quai Branly, le musée national des Arts Asiatiques, la grande Mosquée de Paris.

Barbès – Rochechouart

AU MARCHÉ DE LA BUTTE

 B. Now look at the names of places and fill in the definite articles.

	MASCULINE		FEMININE	
SINGULAR	☐	marché Dejean	☐	cathédrale Notre-Dame
	☐	Arc de Triomphe	☐	place de la Concorde
PLURAL	Les	quais de Seine	☐	galeries Lafayette

 C. Listen to the pronunciation of the masculine definite articles. Can you hear the difference between [lə] and [le]?

Track 14

	[lə]	[le]	singular	plural
1	Le boulevard	Les boulevards		✗
2	Le marché	Les marchés		
3	Le métro	Les métros		
4	Le quartier	Les quartiers		
5	Le musée	Les musées		

5. L'ALBUM DE GUSTAVE LE NAIN

A. After a trip to Montreal, in Quebec, Gustave sticks his photos into an album and writes captions.
Can you help him to finish, using the captions below?

À Montréal,
dans le métro.

Devant la basilique Notre-Dame, sur la place d'Armes.

Au bord du fleuve Saint-Laurent, à côté du pont.

Dans la rue Saint-Denis, derrière un arbre.

Sur le boulevard Saint-Laurent, dans le quartier chinois.

Près de l'appareil photo.

Loin de l'appareil photo.

B. Now, try to write down the places that could follow these prepositions.

Sur .... , ...

Dans .... , ...

....

Au bord de ....

À ....

6. LE CENTRE-VILLE

A. This is the centre of a typical French town. Are the following sentences true?

	True	False
Il n'y a pas d'école.	☐	☐
Il y a un hôpital.	☑	☐
Il y a une gare.	☑	☐
Il y a un bureau de tabac.	☐	☑
Il y a un parking.	☐	☑
Il y a un cinéma.	☑	☐
Il y a un arrêt de bus.	☑	☐
Il y a une station de métro.	☐	☑
Il y a une pharmacie.	☑	☐
Il y a des boulangeries.	☑	☑
Il y a un supermarché.	☑	☐
Il y a un restaurant.	☐	☑
Il n'y a pas de rues piétonnes.	☑	☐
Il y a des hôtels.	☐	☑
Il y a un musée.	☐	☑
Il n'y a pas d'église.	☐	☑

B. Look at the constructions with **il y a**. Working with a partner, fill in the missing words.

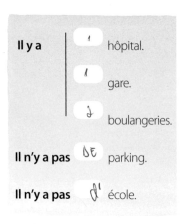

Il y a	*1*	hôpital.
	1	gare.
	2	boulangeries.
Il n'y a pas	de	parking.
Il n'y a pas	d'	école.

7. IL Y A UN CINÉMA ?

DES SONS ET DES LETTRES

A. Listen to the following sentences. Are they questions (**?**) or statements (**.**)? Add the right punctuation.

Track 15

B. Indicate the intonation of each sentence.

	question	statement	↘	↗
Il y a un arrêt de bus dans la rue				
Sur la place, il y a une fontaine				
Il n'y a pas de parc dans le quartier				
Dans le centre, il n'y a pas de rues piétonnes				
Le quartier est près de la plage				
C'est un quartier tranquille				

▲ THE DEFINITE ARTICLE

	MASCULINE	FEMININE
SINGULAR	**le** boulevard **l'**arbre	**la** rue **l'**école
PLURAL	**les** boulevards	**les** rues

 le**s** arbres le**s** écoles
[leszarbr] [lezekol]

● **La** place du 14 juillet se trouve à côté de **la** rue de la Paix.

▲ EXPRESSIONS OF QUANTITY

Il n'y a **pas** de voitures.

Il y a **quelques** voitures.

Il y a **beaucoup de** voitures.

▲ IL Y A / IL N'Y A PAS

To express the presence of a person or an object, we use the form **il y a**.

| **Il y a** | **+** | INDEFINITE ARTICLES / QUANTITATIVE ADJECTIVES |

● Dans le quartier, **il y a** | **une** école.
quelques boulangeries.
Émilie.
des bars.

And to express the absence of a person or an object, we use the form **il n'y a pas**.

| **Il n' y a pas** | **+** | DE / D' |

● Dans le quartier, **il n'y a pas** | **de** jardins.
d'école.
de bruit.
de bars.

▲ DESCRIBING / QUALIFYING

C'est un quartier
C'est une ville | ancien(ne).
moderne.
riche.
multiculturel(le).
élégant(e).
bien desservi(e).
animé(e).

● **C'est** un quartier **assez** agréable.
○ **C'est** une ville **très** polluée.

 Certain adjectives are placed before the noun.

MASCULINE	FEMININE
C'est un **beau** quartier.	C'est une **belle** ville.
C'est un **grand** quartier.	C'est une **grande** ville.
C'est un **petit** quartier.	C'est une **petite** ville.
C'est un **vieux** quartier.	C'est une **vieille** ville.

▲ PREPOSITIONS OF PLACE

devant le carton — **derrière** le carton

 dans le carton  **à côté du** carton

 sur le carton   **loin du** carton

 près du carton  **au bord du** lac

▲ VIVRE

VIVRE [vi] / [viv]

je vis	nous vivons
tu vis	vous vivez
il / elle / on vit	ils / elles vivent

 [vi]

8. VOICI NOTRE QUARTIER !

In pairs, choose a district that you know well and prepare a
description, with the help of the sentences below. The rest
of the class must guess which district it is by asking questions.

> C'est un quartier...
>
> - sympa.
> - très joli.
> - cher.
> - assez tranquille.
> - ...

> Dans notre quartier, il y a...
>
> - une station de métro.
> - beaucoup de circulation.
> - des bars et des restaurants partout.
> - un grand parc.
> - des rues commerçantes.
> - ...

> Dans notre quartier, il n'y a pas...
>
> - de rues piétonnes.
> - de cinémas.
> - de métro.
> - de musées.
> - ...

> Il est près...
>
> - de la mer.
> - du fleuve.
> - du centre.
> - ...

● Notre quartier, c'est un quartier assez tranquille.
   Il est près du fleuve et...
○ Il est près du centre ?

9. IL Y A UNE PLAGE À PARIS ?

A. Do you think that you can find these different
things in Paris?

- des vignes
- des plages
- une pyramide
- un téléphérique
- des pistes de ski
- des gratte-ciel

B. Listen to Stéphane and Monique talking
about Paris, then check with a partner whether
you can find these things there. If you can,
specify where they are found.

Track 16

10. NOTRE QUARTIER IDÉAL

A. Working in a group, compose a description of an ideal district, real or imaginary. Use the drawing below to give you ideas.

Discover the activities 2.0 on versionoriginale.difusion.com

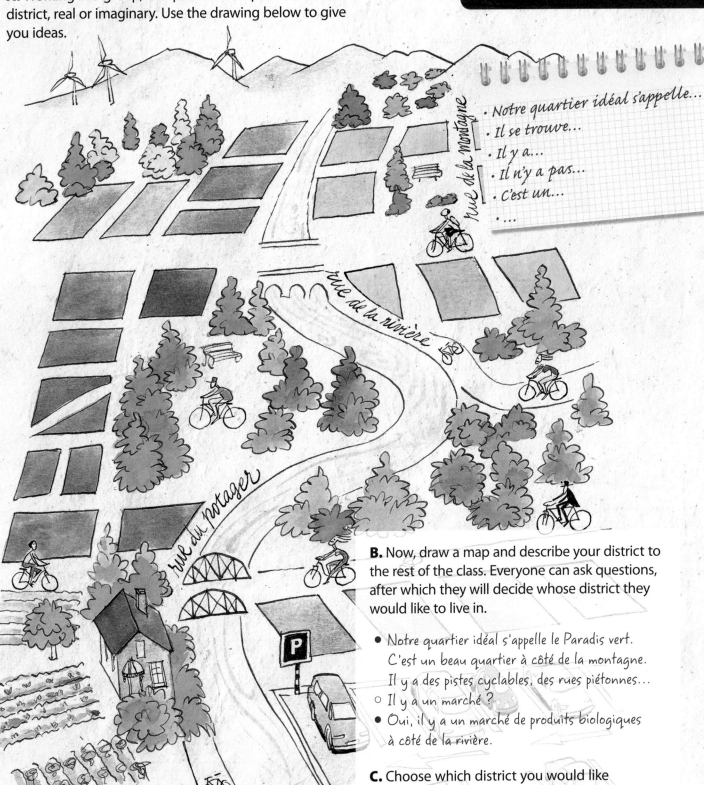

- Notre quartier idéal s'appelle...
- Il se trouve...
- Il y a...
- Il n'y a pas...
- C'est un...
- ....

rue de la montagne

rue de la rivière

rue du potager

B. Now, draw a map and describe your district to the rest of the class. Everyone can ask questions, after which they will decide whose district they would like to live in.

- Notre quartier idéal s'appelle le Paradis vert.
  C'est un beau quartier à côté de la montagne.
  Il y a des pistes cyclables, des rues piétonnes...
- ○ Il y a un marché ?
- Oui, il y a un marché de produits biologiques
  à côté de la rivière.

C. Choose which district you would like to live in.

VILLE OU VILLAGE ?

Housing in France varies greatly: between cities, towns and country, north and south, east and west, the architecture is adapted to the different climates and the different lifestyles of the inhabitants.

« J'habite un appartement dans **La Cité radieuse** à Marseille, construite par Le Corbusier l'inventeur de « l'Unité d'habitation », ou du logement collectif. Ce sont des bâtiments aux formes particulières (zig-zag, gratte-ciel…), avec des façades, des couloirs et des pièces peintes de couleurs différentes.
La Cité radieuse est une ville à la verticale sur 18 étages ! L'architecte a même prévu des commerces, un hôtel et, sur le toit, une école maternelle, un gymnase et une piscine ! »

Sophie Richard, 35 ans, Marseillle

« J'habite une maison dans un village du sud de la France. Dans mon village, les rues sont étroites, il y a des géraniums aux fenêtres et on trouve de petits commerces pour aller acheter son pain ou des fruits frais: L'été, les gens s'assoient devant leur porte et commentent leurs journées. Sur la place du village, il y a une église, un café, l'école primaire et le boulodrome où toutes les générations se retrouvent. La vie au village est paisible, tout le monde se connaît, se salue et se parle. »

Michel Lecocq, 56 ans, Le Viala

◼◼◼◼◼◼◼ ON TOURNE ! ◼◼◼◼◼◼◼◼◼

SUR LES PAS D'ÉMILIE

A. When Émilie walks around her district, she sees:

☐ un théâtre.	☐ des arbres.
☐ un cinéma.	☐ un bus.
☐ un bar.	☐ un métro.
☐ une boucherie.	☐ une boulangerie.
☐ une église.	☐ un restaurant.
☐ une pharmacie.	☐ un hôtel.
☐ des fleurs.	☐ une dame à sa fenêtre.

B. In your opinion, Émilie's district is...

	Oui / Non	Pourquoi
beau	....	....
romantique	....	....
bruyant	....	....
agréable	....	....

« J'habite un appartement dans le quartier moderne d'**Antigone** à Montpellier. J'ai tout à portée de main : la vie familiale et la vie professionnelle. Antigone a été construit il y a trente ans environ par l'architecte Ricardo Bofill. Dans ce quartier, les références à la Grèce antique sont nombreuses : statues mythologiques, colonnes, fontaines où se baignent dieux et déesses... Mais l'architecte a aussi pensé à construire un centre commercial, une piscine olympique, une bibliothèque, des commerces, des bars, des restaurants et des bureaux. »

Lucie Loit, 31 ans, Montpellier

« J'habite dans un lotissement de la banlieue de Nantes, dans une petite maison entourée de petits jardins. Mon lotissement est assez éloigné du centre-ville, il y a peu de commerce, un petit parc avec des balançoires et un toboggan pour les enfants... Les gens se connaissent bien, s'entraident et les enfants jouent et grandissent ensemble. »

Philippe Gasset, 38 ans, Nantes

11. DIS-MOI OÙ TU HABITES...
And where do you live? And your friends?

C. What did you learn about Émilie?

▸ Comment Émilie se présente-t-elle ?

....

▸ Que boit-elle à la terrasse du café des Dames ?

....

▸ Que fait-elle à la terrasse du café ?

....

▸ Qu'achète-t-elle chez le fleuriste ?

....

D. And yourself?

▸ Le quartier d'Émilie ressemble-t-il à un quartier que vous connaissez ? Lequel ?

....

....

▸ Aimeriez-vous habiter dans ce quartier de Paris ?

....

4

Tes amis sont mes amis

At the end of this unit, you will be able to decide who you would like to invite into the class.

In order to do this you will learn to:
- express tastes and interests
- talk about the first impression that someone makes and their character
- talk about your friends and family
- introduce and describe someone

You will use:
- the present tense of verbs ending in **–er**
- negative forms
- possessive adjectives
- vocabulary of friends and family
- leisure vocabulary

You will work on the following phonetic point:
- the pronunciation of verbs with one phonetic stem (**aimer**)

Carnaval à Nic avec les copai

Mon frère et moi sur la place du capitole à Toulouse

Ma cousine et moi devant le Sacré-Cœur à Paris

Pique-nique avec mon petit ami

1. LE MONDE DE LUCILE

A. Look at the photos of Lucile.
What do you think she means by...

▸ mes parents

▸ ma meilleure amie

▸ mon frère

▸ ma cousine

▸ mon petit ami

B. What are your best friends called?

Mon meilleur ami s'appelle ....

Ma meilleure amie s'appelle ....

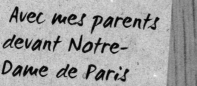

Avec mes parents devant Notre-Dame de Paris

À vélo, avec ma meilleure amie

2. BIENVENUE CHEZ DANY BOON !

A. A magazine offers a quiz on the comedian Dany Boon in its entertainment pages. In pairs, find the right answers.

Le quiz Dany Boon

_____ est son vrai nom.

_____ est son lieu de naissance.

Sa mère s'appelle _____

Sa femme s'appelle _____

Il a _____

_____ est son année de naissance.

Sa passion est _____

Son premier spectacle s'appelle _____

Son grand succès est _____

Son sport préféré est _____

Son signe astrologique est _____

- Danielle
- le golf
- Bienvenue chez les Ch'tis
- le cancer
- Armentières
- le dessin
- Yaël
- Daniel Hamidou
- deux frères
- 1966
- Je vais bien, tout va bien

BIENVENUE CHEZ LES CH'TIS, © JEAN-CLAUDE LOTHER

- Sa femme s'appelle Danielle ?
- Non, c'est le prénom de sa mère.

B. Write down five things about yourself around a diagram like this and then swap it with a partner.

C. Now, tell the rest of the class two interesting things that you can deduce about your partner.

- Barcelone est la ville préférée de Sonia.
- Non, c'est mon lieu de naissance.

Moi

3. RECHERCHE CORRESPONDANT

A. Three language students leave messages on this website to find correspondents. Fill in a form for each of them.

> Prénom : .... Âge : ....
>
> Ville : ....
>
> Il aime : ....
>
> ....

TROUVEZ UN CORRESPONDANT !

DÉJÀ INSCRIT(E) ?

Sujet : **Je cherche un correspondant**
Auteur : **Mark**
Date : **23/09**

Salut ! Je m'appelle Mark. Je suis martiniquais et j'habite à Fort-de-France. J'ai 26 ans, je suis professeur de musique et j'adore apprendre des langues. J'étudie l'anglais, l'espagnol et je parle quelques mots d'italien. J'aime aussi la cuisine, sortir avec mes amis mais ma grande passion est la musique. À bientôt !

répondez ici !

Sujet : **Je cherche un correspondant**
Auteur : **Christophe**
Date : **25/09**

Salut à tous ! Je suis de Nîmes. J'ai 28 ans et je m'appelle Christophe. Je parle l'anglais et l'italien et j'apprends le chinois. J'aime le ciné et le théâtre, j'adore lire et je pratique des sports d'hiver (j'adore passer des week-ends à la montagne !). J'aime aussi sortir le soir avec mes copains. Écrivez-moi !

répondez ici !

Sujet : **Je cherche un correspondant**
Auteur : **Philippe**
Date : **25/09**

Bonjour de Bordeaux ! Je m'appelle Philippe, je travaille dans l'informatique et j'ai 24 ans. Je parle l'anglais et l'espagnol et j'apprends l'italien. J'aime la natation, le vélo, le ski et le tennis... bref, je suis très sportif. J'adore voyager et je fais aussi de la photographie et de la vidéo.

répondez ici !

B. These three people have also posted audio messages on this site. Listen to them. Who is speaking in each case?

1 ....

2 ....

3 ....

C. Now that you know them better, what do you think of these people?

Il a l'air sympa : ....

Il est (très) beau : ....

Il a l'air timide : ....

D. Who would you like to correspond with?

• Moi, avec Christophe.

4. JE SUIS FAN !

A. A magazine questions some of its readers about their favourite artists.
Read their answers. Who in the class knows these artists?

Quels sont les goûts de nos lecteurs ?

Martine Dudemaine, 66 ans

Quel est <u>votre</u> acteur français préféré ?
Louis de Funès. J'adore tous ses films !

Et <u>votre</u> actrice préférée ?
Catherine Deneuve.

<u>Votre</u> groupe français préféré ?
Je n'ai pas de groupe préféré.

Mais vous avez un chanteur ou une chanteuse préférée ?
Oui, <u>ma</u> chanteuse préférée est Barbara.

Guillaume Agostini, 16 ans

Quel est <u>ton</u> acteur préféré ?
<u>Mes</u> acteurs préférés sont Will Smith et Jamel Debbouze.

Et <u>ton</u> actrice préférée ?
Angelina Jolie.

Et <u>ton</u> groupe préféré ?
Les BB Brunes.

Et <u>ta</u> chanteuse préférée ?
Diam's. J'adore <u>son</u> style <u>et sa</u> voix.

Caroline Monfard, 27 ans

Quel est <u>votre</u> acteur préféré ?
Jude Law.

Et <u>votre</u> actrice préférée ?
Audrey Tautou.

<u>Votre</u> groupe préféré ?
Tryo. Je suis fan !

Et <u>votre</u> chanteur ou chanteuse préféré(e) ?
<u>Mon</u> chanteur préféré est Bénabar.

B. The words underlined in the text are possessives. Fill in the missing adjectives.

C. Does the journalist speak to the three people in the same way? What do you notice?

D. And who do you like?
Compare them with a classmate.

POSSESSIVE ADJECTIVES

	MASCULINE SINGULAR	FEMININE SINGULAR	PLURAL
1ST PERS. SING. (JE)	*mon* chanteur préféré	chanteuse préférée	groupes préférés
2ND PERS. SING. (TU)	chanteur préféré	chanteuse préférée	groupes préférés
3RD PERS. SING. (IL / ELLE)	chanteur préféré	chanteuse préférée	groupes préférés
THE POLITE FORM OF YOU	chanteur préféré	chanteuse préférée	groupes préférés

Quel est votre / ton acteur préféré ?

....

Et votre / ton actrice préférée ?

....

Votre / Ton groupe préféré ?

....

Et votre / ton chanteur préféré ?

....

5. COMBIEN DE LANGUES PARLEZ-VOUS ?

A. Fatima chats with a Spanish "cyber friend" about the languages she knows. How many languages does she speak?

le chat des langues

Des amis avec qui communiquer en langues étrangères

ACCUEIL | INSCRIPTION | MEMBRES

LOGIN
PSEUDO :
MOT DE PASSE :
CONNEXION

VOUS ÊTES DÉJÀ CONNECTÉ AVEC LE PSEUDO FATIMA

ÉCRIVEZ ICI :

Bibi75 :	Je cherche quelqu'un pour pratiquer le français...
Fatima :	Cool, je suis belge, de Bruxelles.
Bibi75 :	Alors tu parles français !
Fatima :	Oui et je parle aussi néerlandais.
Bibi75 :	Tu étudies le néerlandais à l'école ?
Fatima :	Oui et l'anglais aussi.
Bibi75 :	Mais à la maison, quelle langue parlez-vous ?
Fatima :	Ben, mes parents sont marocains. Avec moi, ils parlent arabe.
Bibi75 :	Alors vous parlez arabe à la maison ?
Fatima :	Oui mais, avec mon frère, nous parlons aussi français.
Bibi75 :	Intéressant...

Ajouter à vos favoris - Envoyer ce lien à vos amis - Aide - Contact

B. Underline the different forms of the verb **parler** in the web chat, then fill in the missing endings below.

PARLER

je parl ⬭ français.

tu parl ⬭ espagnol ?

il / elle / on parl ⬭ allemand.

nous parl ⬭ polonais.

vous parl ⬭ anglais ?

ils / elles parl ⬭ italien.

C. How many languages do you speak in your family? And with your friends?

- À la maison, nous parlons allemand et espagnol. Ma mère est espagnole et mon père est allemand, mais il parle très bien espagnol...

DES SONS ET DES LETTRES

Track 18

D. Now listen to the pronunciation of the six forms. Four are all pronounced in the same way [ɛm]. Which ones? Circle them.

J'aime
Tu aimes
Il aime
Nous aimons
Vous aimez
Ils aiment

6. J'ADORE SORTIR AVEC MES AMIS

A. Sonia registers on a social networking website. Mark the activities that she likes doing with a 😊 and those that she doesn't like doing with 😞.

Amis sur le net

Inscrivez-vous sur notre site de rencontres !

DÉJÀ INSCRIT(E)?
votre pseudo | password

Prénom :	Sonia
Âge :	28
J'adore :	le ski
J'aime beaucoup :	chanter
J'aime :	la piscine
Je n'aime pas :	la télévision, faire du jardinage
Je déteste :	faire du bricolage
Mes activités :	je fais de l'escrime, et de la guitare

Inscription | Conseils | Conditions générales | Affiliation | Publicité / Annonceurs | Presse | Copyright

B. Look at the structure **je n'aime pas**. What do you notice? Talk with your teacher about the formation of negative sentences.

▸ Je ne parle pas anglais.
▸ Je n'aime pas le ski.
▸ Il n'étudie pas le français.

NEGATIVE FORMS

Je [ ] + parle + [ ]

Je [ ] + aime + [ ]

C. Do you do these activities?

		oui	non
	de la musculation.	☐	☐
	de la guitare.	☐	☐
	de la danse.	☐	☐
Moi, je fais	du vélo.	☐	☐
	du piano.	☐	☐
	du jardinage.	☐	☐
	du rugby.	☐	☐
	du bricolage.	☐	☐

a▸z **D.** Do you do any other activities? What are they called in French? Use a dictionary to help you.

• Moi, je fais de l'escalade. J'adore ça !

◢ TALKING ABOUT CHARACTER

○ **Il / elle est (très)** | gentil(le).
intelligent(e).
drôle.

○ **Il / elle est (un peu / très)** | timide.
bizarre.

✋ Il est un peu gentil / intelligent / sympathique.

◢ TALKING ABOUT FIRST IMPRESSIONS

● **Il / elle a l'air** | sympa.
intelligent(e).
drôle.
gentil(le).
timide.

◢ MY FRIENDS AND FAMILY

Ma famille
Mon père
Ma mère
Mon frère
Ma sœur
Mon fils / ma fille
Mon mari / ma femme

Mes amis
Mon ami Marc
Mon amie Sophie
Mon petit ami / ma petite amie

MOI

Mon travail
Mon / ma collègue
Mon / ma chef

À la maison
Mes voisins
Mes colocataires

✋ ma amie Mélanie
mon amie Mélanie

◢ TALKING ABOUT ACTIVITIES

Je **fais de la** natation et **de l'**escrime.
Il **fait du** piano et **de la** guitare.

◢ NEGATIVE FORMS

Il aime. ↔ Il **n'**aime **pas**.
Je suis timide. ↔ Je **ne** suis **pas** timide.

| SUBJECT | + | ne | + | VERB | + | pas |

◢ VERBS ENDING IN -ER

AIMER [ɛm]

j'aim**e**   nous aim**ons**
tu aim**es**   vous aim**ez**
il / elle / on aim**e**   ils / elles aim**ent**

 [ɛm]

◢ FAIRE

FAIRE [fɛ]

je **fais**   nous **faisons**
tu **fais**   vous **faites**
il / elle / on **fait**   ils / elles **font**

 [fɛ]

◢ TASTES

Papi, tu aimes le rock ?

Oui, j'adore !

| AIMER **J'aime** | + | NOUN la danse. |
| | | INFINITIVE danser. |

+ **J'adore** danser.
   J'aime beaucoup l'équitation.
   J'aime bien faire de la guitare.
   Je **n'aime pas trop** jardiner.
   Je **n'aime pas** bricoler.
   Je **n'aime pas du tout** cuisiner.
− Je **déteste** la musique classique.

7. JE SUIS QUELQU'UN D'ASSEZ TIMIDE

A. Use this note to help you and write a description of yourself on a sheet of paper.

B. Now, your teacher will collect all the sheets of paper and redistribute them. Read the description that you have received. Who is it about?

Moi, je suis...
- Je suis quelqu'un de très / un peu / ...
- Pendant mon temps libre, je fais...
- Mon acteur / chanteur préféré est...
- Mon actrice / ma chanteuse préférée est...
- J'aime... / je déteste...

Qui suis-je ?

8. C'EST UN HOMME...

Track 19

A. Listen to the group of friends who are playing a guessing game. Which celebrities are they talking about?

1 ....

2 ....

3 ....

4 ....

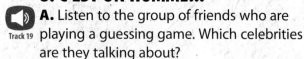

Brad Pitt

Astérix

Audrey Tautou

Rafael Nadal

Madonna

B. It's your turn to play! Prepare a description of a celebrity or a fictional character. Next, read it to your classmates: they have to guess who it's about. They can ask you questions.

- C'est un homme de 30 ans environ. Il est français d'origine antillaise. Il est beau et il a l'air très sympa. C'est un sportif connu.
- Il fait du foot ?
- Oui !
- C'est Thierry Henry !

LES MOTS POUR AGIR

une petite fille	un petit garçon
une jeune femme	un jeune homme
une femme	un homme
♀ ♂

9. J'AIMERAIS CONNAÎTRE...

A. Imagine that you can invite one of your friends or family, or a fictional character, into class. Prepare a description of the person you choose.

Discover the activities 2.0 on versionoriginale.difusion.com

Personne choisie

Lien avec vous

Profession

Âge

Première impression qu'il /elle donne

Personnalité et qualités

Goûts et loisirs

B. Next, describe your guest to the class, and listen to your classmates describe theirs. Then choose from all the guests the person you would most like to get to know. Take notes. Ask questions if needed.

- Mon invité s'appelle Samuel. C'est mon meilleur ami. Il a 30 ans et il est professeur de danse dans une école. C'est un homme très sympa. Il aime beaucoup voyager et...
- Il est beau ?
- Oui...

Samuel :
meilleur ami de Carla
30 ans
prof de danse
beau !

C. Now each student must announce to the class the person they have chosen in addition to their own guest, and explain why.

- J'aimerais connaître Jacob, le frère de Laura. Il a l'air gentil ; il est sportif. En plus, il fait du vélo, comme moi, et il aime le cinéma.

TOP 10 : LES CHOUCHOUS DES FRANÇAIS

1 Yannick Noah
né en 1960 à Sedan, France.
Ex-joueur de tennis et chanteur.

2 Dany Boon (Daniel Hamidou)
né en 1966 à Armentières,
France. Comédien.

3 Zinedine Zidane né en 1971 à
Marseille, France.
Ex-footballeur.

4 Nicolas Hulot
né en 1955 à Lille,
France. Reporter,
écologiste et écrivain.

5 Mimie Mathy
née en 1957 à Lyon,
France. Humoriste,
actrice et chanteuse.

6 Sœur Emmanuelle
(Madeleine Cinquin)
née en 1908 à Bruxelles,
Belgique (décédée en
2008). Religieuse.

7 Charles Aznavour
(Shahnourh Varinag
Aznavourian) né en 1924
à Paris, France. Chanteur
et compositeur.

8 Francis Cabrel
né en 1953 à Astaffort,
France. Chanteur et
compositeur.

9 Jean Reno (Juan
Moreno) né en 1948
à Casablanca, Maroc.
Acteur.

10 Renaud (Renaud
Séchan) né en 1952 à
Paris, France. Chanteur
et compositeur.

CLASSEMENT ÉTABLI PAR LE JDD EN 2008 VIA SONDAGE IFOP.

10. LES PLUS AIMÉS

A. Do you know these 10 people?
Look at the list and try to remember:
• the numbers of men and women,
• the most represented professions,
• the places of birth and ages of these people.
Do you know any other French celebrities?

B. The most popular of these celebrities in
France describes himself as **métis**.
Is the concept of **métis(se)** familiar to you?
Are there many people who are **métis(ses)**
in your town or country?

La personne la plus populaire de cette liste est **Yannick Noah**, ancien joueur de tennis, ex-capitaine de l'équipe de France et chanteur. La famille de Yannick Noah est un exemple de famille multiculturelle : il est le fils d'un ancien joueur de football d'origine camerounaise et d'une enseignante française. Dans ses chansons, Yannick Noah parle souvent de ses origines, comme dans la célèbre « Saga Africa », sa première chanson ou dans « Métis(se) ».

Métis(se)

« Je suis métis, un mélange de couleurs oh oh
Oh métis, qui viens d'ici et d'ailleurs
Je suis métis, un mélange de couleurs oh oh
Oh métis, je viens d'ici et d'ailleurs oh oh »

Yannick Noah et Disiz la Peste

C. What about in your country? In groups of two or three, draw up lists of the Top 10 people who you think are the most popular in your country. Note down their date and place of birth as well as their profession.

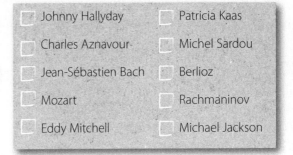

FAN DE ...

A. Where are the people being interviewed? (to help you: in the street, shop, concert hall)

B. In what order are the people interviewed?

.... une femme avec des boucles d'oreille rouges

.... un jeune homme avec des lunettes blanches

.... une jeune femme avec une écharpe rouge

.... un jeune homme avec une barbe

.... une femme avec une casquette et des lunettes

C. Who are they talking about?

☐ Johnny Hallyday   ☐ Patricia Kaas
☐ Charles Aznavour   ☐ Michel Sardou
☐ Jean-Sébastien Bach   ☐ Berlioz
☐ Mozart   ☐ Rachmaninov
☐ Eddy Mitchell   ☐ Michael Jackson

Which of these artists do you know?

D. What effects does music have on them?

	oui	non		oui	non
Elle les transporte.			Elle leur donne de l'énergie.		
Elle les fait dormir.			Elle leur fait passer le temps.		
Elle les fait bouger.			Elle les rend euphorique.		

E. Do you like French music? What music is in fashion in your country at the moment? Do you like it?

In these tests you are asked some simple comprehension questions based on short recorded texts: spoken announcements, answer phone messages, situation dialogues, etc.

25 points

SOME ADVICE FOR THE EXAM

▸ The public announcement is like those you hear at a railway station or an airport. In the exam you will hear it twice.

▸ In another comprehension exercise you hear a variety of dialogues (on the phone, in the street etc.) and you have

to tick the right answers in a multiple-choice questionnaire. The aim is to find the key item of information and, sometimes, some numbers.

▸ In the dialogue-images matching exercise, you have to match extracts of dialogues to situations in pictures.

▸ In the situation dialogue exercise, you have to find out some very simple information about the situation itself, such as: where does the dialogue take place, and what is being asked.

 EXERCICE 1

Track 20 Vous allez entendre 2 fois un document. Vous aurez 15 secondes de pause entre les 2 écoutes, puis 30 secondes pour vérifier vos réponses. Lisez d'abord les questions.

Vous êtes dans un aéroport.

1 . Le message annonce...

☐ un avion à destination de Montréal.
☐ un avion à destination de Marseille.
☐ un avion à destination de Manchester.

2 . On prie les passagers de se diriger...

☐ vers la porte 12.
☐ vers la porte 2.
☐ vers la porte 112.

 EXERCICE 2

Track 21 Vous allez entendre 2 fois un document. Vous aurez 15 secondes de pause entre les 2 écoutes, puis 30 secondes pour vérifier vos réponses. Lisez d'abord les questions.

1. Qui téléphone ?

☐ Philippe.
☐ Ferdinand.
☐ Fabien.

2. L'école se trouve...

☐ dans la rue de la Mairie.
☐ sur la place de la Mairie.
☐ dans la mairie.

3. La piscine se trouve...

☐ près de l'arrêt de bus.
☐ loin de l'arrêt de bus.
☐ près de la gare routière.

EXERCICE 3

Track 22 Vous allez entendre plusieurs petits dialogues correspondant à des situations différentes. Vous aurez 15 secondes de pause après chaque dialogue, puis vous entendrez à nouveau les dialogues et vous pourrez compléter vos réponses. Regardez d'abord les images. Associez chaque situation à un dialogue. **Attention :** il y a 5 images, mais seulement 4 dialogues.

 EXERCICE 4

Track 23 Vous allez entendre plusieurs petits dialogues correspondant à des situations différentes. Vous aurez 15 secondes de pause après chaque dialogue, puis vous entendrez à nouveau les dialogues et vous pourrez compléter vos réponses. Lisez d'abord les questions.

Situation 1	Situation 2	Situation 3	Situation 4
Où est-ce ?	**Qu'est-ce qu'on demande ?**	**Où est-ce ?**	**Qu'est-ce qu'on demande ?**
☐ En classe.	☐ L'acteur préféré.	☐ Dans une station de métro.	☐ Les langues qu'on parle.
☐ Dans un restaurant.	☐ L'actrice préférée.	☐ À l'aéroport.	☐ L'adresse.
☐ Dans une station de métro.	☐ La chanteuse préférée.	☐ Dans le bus.	☐ Le numéro de téléphone.

PROGRESS REPORT

1. Skills targeted in units 3 and 4	I am able to...	I find it difficult to...	I am not yet able to...	Examples
express existence and absence with **il y a...**				
express location with **être** and **se trouver**				
describe and portray a town or district with **c'est un(e)** + noun + adjective, **c'est un(e)** + adjective + noun				
express tastes and interests with **aimer**				
talk about my first impressions of someone with **avoir l'air** and about character with **être** + adjective				
talk about people among my friends and family circle with possessives				
introduce and describe people				

2. Knowledge targeted in units 3 and 4	I know and use correctly...	I know but have difficulties with...	I don't yet know...
definite articles: **le, la, l', les**			
expressions of quantity: **deux, trois... , plusieurs, beaucoup...**			
prepositions of place: **dans, sur, à côté...**			
descriptive adjectives to talk about towns and districts			
the present tense of verbs ending in **–er**: **habiter**			
intonation of affirmative sentences and some interrogative sentences			
possessive adjectives: **ma, ta, sa...**			
vocabulary of family relationships			
leisure vocabulary			
negative forms			
the present tense of verbs ending in **–er**: **parler**			
the pronunciation of verbs with one phonetic stem: **aimer**			

BALANCE SHEET

My current ability in French	☼	⛅	☁	☁☁
reading				
listening				
speaking				
writing				
performing tasks				

My current knowledge	☼	⛅	☁	☁☁
grammar				
vocabulary				
pronunciation and spelling				
Geography/lifestyles/culture				

At this stage, my strong points are: ....

....

At this stage, my difficulties are: ....

....

Ideas for practising/improving	in class	outside class (at home, in the street...)
my vocabulary		
my grammar		
my pronunciation and spelling		
my reading		
my listening		
my oral work		
my written work		

You may want to compare your progress with other members of your class.

5

Jour après jour

At the end of this unit you will be able to pose questions about people's lifestyles and award prizes to your classmates.

In order to do this you will to learn to:
• talk about lifestyles
• use expressions of time
• get information involving time, frequency, and the time of day
• express agreement and disagreement

You will use:
• reflexive verbs
• the present tense of **aller** and **sortir**
• adverbs of time
• leisure vocabulary
• vocabulary for the days of the week and times of the day

You will work on the grammar of:
• reflexive verbs

QUELS SONT VOS MEILLEURS MOMENTS DE LA SEMAINE ?

Le mercredi après-midi. Je ne travaille pas et je fai du vélo avec mon fils.

Le lundi soir. Je chante dans une chorale.

Le samedi soir, quand je sors avec mes amis.

Le week-end. Je me lève tard et je prends le petit déjeuner en famille.

1. LES MEILLEURS MOMENTS DE LA SEMAINE

A. In these photos, seven people describe their favourite times of the week. Do you do these activities too? When?

● Moi aussi, je...

le lundi	le vendredi
le mardi	le samedi
le mercredi	le week-end
le jeudi	le dimanche

B. What is your own favourite time of the week?

● Mon moment préféré, c'est le vendredi soir quand je...

Le dimanche matin, quand je vais faire le marché.

Le mardi à 18h30, après les cours, je regarde ma série préférée.

Tous les matins, quand je cours sur la plage.

2. VOTRE IMAGE ET VOUS

A. The magazine *Toi* publishes this test. Answer truthfully.

Miroir, mon beau miroir...

Votre image est-elle importante pour vous ?

1 Combien de temps mettez-vous le matin pour vous habiller ?
A. Une heure.
B. Minimum 20 minutes.
C. Cinq minutes maximum.

2 Vous allez chez le coiffeur...
A. une fois par mois.
B. quatre ou cinq fois par an.
C. pas souvent.

3 Utilisez-vous des crèmes pour votre peau ?
A. Oui, tous les jours.
B. Oui, parfois.
C. Non, jamais.

4 Vous maquillez-vous ou vous rasez-vous tous les jours ?
A. Oui, tous les jours.
B. Non, seulement de temps en temps.
C. Je ne me maquille jamais / je ne me rase jamais.

5 Vous vous parfumez...
A. tous les jours.
B. rarement.
C. jamais.

6 Vous regardez-vous souvent dans les miroirs ?
A. Oui, chaque fois que je passe devant un miroir ou devant une vitrine de magasin.
B. Non, pas souvent ; juste le matin.
C. Non, presque jamais.

7 Faites-vous du sport ?
A. Oui, au moins trois fois par semaine.
B. Oui, le week-end / une fois par semaine.
C. Non, jamais.

Comptez vos réponses et regardez les résultats.
Nombre de réponses :
A B C

Résultats

Majorité de A
Votre image est très importante pour vous et vous aimez séduire... un peu trop, peut-être ?

Majorité de B
Votre image est importante pour vous, mais vous savez que ce n'est pas l'essentiel. Bravo !

Majorité de C
Votre image n'est peut-être pas si importante pour vous, mais attention... vous vivez en société et votre image compte pour votre entourage !

B. Form small groups and compare your answers. Who is the most image-conscious?

- Moi, j'ai une majorité de réponses A, et vous ?
- Moi...

3. LE PLUS GOURMAND

A. How well do you know the animal kingdom? Match each animal to the appropriate description.

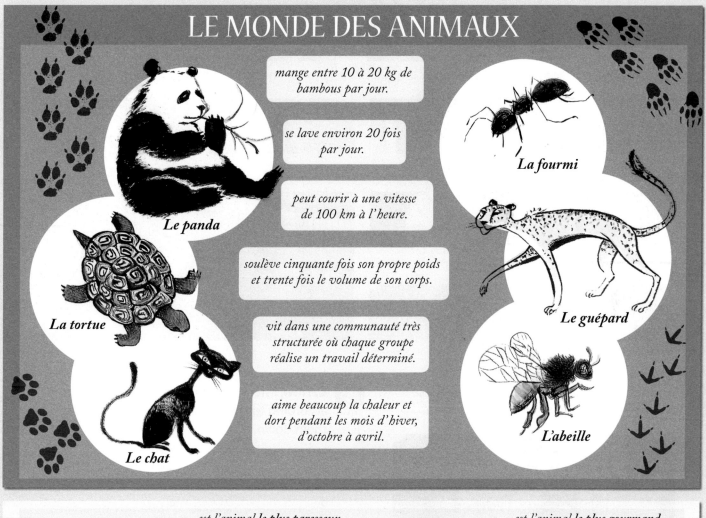

LE MONDE DES ANIMAUX

mange entre 10 à 20 kg de bambous par jour.

se lave environ 20 fois par jour.

peut courir à une vitesse de 100 km à l'heure.

soulève cinquante fois son propre poids et trente fois le volume de son corps.

vit dans une communauté très structurée où chaque groupe réalise un travail déterminé.

aime beaucoup la chaleur et dort pendant les mois d'hiver, d'octobre à avril.

Le panda
La tortue
Le chat
La fourmi
Le guépard
L'abeille

.... *est l'animal le plus paresseux.*   .... *est l'animal le plus gourmand.*

.... *est l'animal le plus propre.*   .... *est l'animal le plus organisé.*

.... *est l'animal le plus rapide.*   .... *est l'animal le plus fort.*

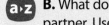 **B.** What do people say about you? Discuss with your partner. Use a dictionary to help you.

Mes parents pensent que je suis ....

Mes amis pensent que je suis ....

Mes collègues pensent que je suis ....

Mes professeurs pensent que je suis ....

LES MOTS POUR AGIR

It is rare to attribute an adjective to someone without qualifying it with (**pas**) **très**, (**pas**) **assez**, **plutôt**, **trop**...

• *Martin est **très** bavard.*
○ *Tu crois ? Moi, je le trouve **plutôt** timide...*

4. QUELLE HEURE EST-IL ?

A. Look at these examples of telling the time in French and fill in the missing times.

Il est...

dix heures dix

sept heures moins le quart

cinq heures et quart

....

onze heures vingt-cinq

cinq heures moins dix

onze heures et demie

....

midi / minuit moins le quart

....

dix heures

....

six heures moins vingt-cinq

B. Listen to the recording and number these times in the order in which you hear them.

Track 24

☐ 6:20	☐ 8:55
☐ 5:15	☐ 7:45
☐ 3:25	☐ 9:05
☐ 1:50	

C. Now, listen to four different times expressed according to the digital 24-hour clock. Write them down.

Track 25

1 .... 3 ....

2 .... 4 ....

D. It's your turn to give the time. Indicate a time using your arms without speaking. Your classmates must say what time they think you are showing.

● Il est cinq heures.
○ Oui, mais il peut être aussi midi vingt-cinq.

LES MOTS POUR AGIR

We can also tell the time according to the digital 24-hour clock.

12:30	▶	douze heures trente
6:15	▶	six heures quinze
8:45	▶	huit heures quarante-cinq
20:55	▶	vingt heures cinquante-cinq

5. TOUS LES JOURS

A. Look at Vincent's diary for a week. What does it tell you about him?

- Vincent est très sportif, non ?

RUGBY

AGENDA DE VINCENT

	Lundi	Mardi	Mercredi	Jeudi	Vendredi	Samedi	Dimanche
semaine 1	18.00-19.00 anglais	07.45 yoga 20.00 musculation	18.00-19.00 anglais 19.00 ciné avec Aurélie	07.45 yoga 19.00 rugby	18.00-19.00 anglais 21.00 dîner avec Luc et Jean-Pierre	marché	12.00 déjeuner chez maman
semaine 2	18.00-19.00 anglais	07.45 yoga 20.00 musculation	18.00-19.00 anglais	07.45 yoga 19.00 rugby	18.00-19.00 anglais 20.30 anniversaire Aurélie	20.00 dîner avec Mathias	12.00 déjeuner chez maman
semaine 3	18.00-19.00 anglais	07.45 yoga 20.00 musculation	18.00-19.00 anglais	07.45 yoga 19.00 rugby	18.00-19.00 anglais 21.00 dîner avec Luc et Jean-Pierre	19.30 anniversaire Sophie	12.00 déjeuner chez maman 15.00 match de rugby
semaine 4	18.00-19.00 anglais	07.45 yoga 20.00 musculation	18.00-19.00 anglais	07.45 yoga 19.00 rugby	18.00-19.00 anglais 21.00 dîner avec Luc et Jean-Pierre	19.30 ciné avec Mathias	12.00 déjeuner chez maman 16.00 rollers avec mes cousins

LES MOTS POUR AGIR

Il fait du foot **une / deux... fois par semaine / mois / an**.
Il fait **souvent** du foot.
Il fait du foot le lundi (**matin / midi / après-midi / soir**).

B. How often does Vincent do his different activities?

Il fait de l'anglais trois fois par semaine.

C. What do you do yourself in your leisure time? How often?

6. MOI NON PLUS

A. We are all different. Guess who is...

> sportif/-ve   prétentieux/-euse   travailleur/-euse   désordonné(e)

> Je travaille plus de 50 heures par semaine.

> Moi aussi !

> Je fais du sport presque tous les jours.

> Pas moi. Je n'ai pas le temps.

> Je n'ai pas beaucoup de succès avec les filles.

> Moi si, elles m'adorent toutes.

> Dis donc, tu ne ranges pas souvent ta chambre.

> Ben... Toi non plus.

B. Look at the ways of expressing agreement and disagreement in the dialogues and write down the three missing phrases.

Affirmative sentence Je fais du sport.	**Agreement (affirmative)** Moi aussi.
	Disagreement (negative) ....
Negative sentence Je ne fais pas de sport.	**Agreement (affirmative)** ....
	Disagreement (negative) ....

7. JE NE ME RASE PAS !

DES SONS ET DES LETTRES

Track 26

A. Sometimes, in French, the letter **e** [ə] is not pronounced. Listen carefully to these sentences and make a note of each **e** that you don't hear.

1. Je ne me rase pas !

2. Souvent, je me couche avant dix heures du soir.

3. Ce soir, on se couche tôt parce que demain on se lève à 6 heures.

4. Tu me dis toujours tout ce que tu penses ?

5. Je me lave les dents après chaque repas.

B. Now it is your turn to say the same sentences.

◢ EXPRESSING TIME

- ◔ Cinq heures
- ◔ Cinq heures **cinq**
- ◕ Cinq heures **dix**
- ◔ Cinq heures **et quart**
- ◔ Cinq heures **vingt**
- ◔ Cinq heures **vingt-cinq**
- ◔ Cinq heures **et demie**
- ◔ Six heures **moins vingt-cinq**
- ◔ Six heures **moins vingt**
- ◔ Six heures **moins le quart**
- ◔ Six heures **moins dix**
- ◔ Six heures **moins cinq**

- ↓ Midi / Minuit

We also use the digital form, which indicates the hours and minutes without the words **et**, **moins**, **quart** or **demie**.

13 : 45 Treize heures quarante-cinq

◢ INQUIRING ABOUT THE TIME, THE TIME OF DAY, FREQUENCY

- ● *(Excusez-moi,)* **Quelle heure est-il ?**
- ○ **Il est** cinq heures et demie.

- ● **À quelle heure** commence le cours ?
- ○ **À** huit heures et quart.

- ● **Combien de fois par** | jour
  | semaines   vas-tu au ciné ?
  | mois
- ○ **Deux fois par** mois.

- ● Tu vas **souvent** à la piscine ?
  | Oui**, le** jeudi.
- ○ Oui**, le** week-end.
  | Non**, jamais.**

- ● Est-ce-que tu fais du sport ?
  | Oui**, le** dimanche, je joue au foot.
- ○ Oui**, le** matin, quand je me lève.
  | **Non, jamais**…

◢ THE DAY

| le matin | le midi | l'après-midi | le soir |

The days of the week: **lundi, mardi, mercredi, jeudi, vendredi, samedi, dimanche, le week-end**

◢ ALLER / SORTIR

ALLER	**SORTIR** [sɔʀ]
je **vais**	je sor**s**
tu **vas**	tu sor**s**
il / elle / on **va**	il / elle / on sor**t**
nous **allons**	nous sort**ons**
vous **allez**	vous sort**ez**
ils / elles **vont**	ils / elles sort**ent**

✋ [sɔʀ]

◢ REFLEXIVE VERBS

SE LEVER [lɛv] / [ləv]	**SE COUCHER** [kuʃ]
je **me** lève	je me couche
tu **te** lèves	tu **te** couches
il / elle / on **se** lève	il / elle / on **se** couche
nous **nous** levons	nous **nous** couchons
vous **vous** levez	vous **vous** couchez
ils / elles **se** lèvent	ils / elles **se** couchent

✋ Verbs like **se maquiller, se doucher, se raser**… are conjugated in the same way. The subject is accompanied by a personal pronoun (**me, te, se, nous, vous, se**).

◢ EXPRESSING AGREEMENT OR DISAGREEMENT

AFFIRMATIVE SENTENCE	AGREEMENT	DISAGREEMENT
J'aime ça.	**Moi aussi.**	**Pas moi.**
NEGATIVE SENTENCE		
Je n'aime pas ça.	**Moi non plus.**	**Moi si.**

J'adore le chocolat !

Moi aussi !

8. UN JOUR COMME UN AUTRE

A. Working in pairs, try to imagine your teacher's daily routine.

Il / elle se lève à ·····································

Il / elle commence à travailler à ·····················

Il / elle déjeune à ·····································

Il / elle finit de travailler à ·························

Il / elle dîne à ··

Il / elle se couche à ··································

● Je crois qu'il se lève à sept heures et quart...

B. Interview your teacher to check your answers.

 Track 27 **C.** Now, listen to Claire, a secondary school teacher, describing her typical day. Then, compare how she spends her time with that of your teacher. Does anything seem surprising?

● Elle ne travaille pas le mercredi après-midi, quelle chance !

9. D'ABORD, JE PRENDS UN CAFÉ

 Track 28 **A.** Listen to Philippe talking about what he does in the morning when he wakes up. Number the following things in the order in which he does them.

il se lave les dents ☐   il s'habille ☐

il allume la radio ☐   il part au travail ☐

il prend une douche ☐   il se rase ☐

il prépare le petit déjeuner ☐

B. What do you do yourself in the morning when you wake up? Compare notes with your partner.

● Moi, d'abord je me rase, puis je prends une douche...

C. And at the weekend? Are your days organised in the same way?

D. Does your classmate have habits that you find strange?

● Il ne prend pas de petit déjeuner le matin.

10. L'ÉTUDIANT MODÈLE

A. Here are some students' strategies for improving their French. Do you do any of the same things? Compare with your partner.

Moi aussi	Moi non plus	Moi, si	Pas moi

▸ Je lis des journaux en français. ·····················

▸ Quand je lis en français, je ne cherche pas à tout comprendre. ·······································

▸ Parfois, je vais voir des films en français au cinéma. ···

▸ Je ne cherche pas tous les mots que je ne connais pas dans le dictionnaire. ·····························

▸ Je cherche des informations en français sur Internet et je visite des sites en français. ···············

▸ J'utilise toujours un correcteur avant de rendre mes travaux au professeur. ·····························

 Track 29 **B.** Listen to Manu talking about what he does to improve his French. Which of the strategies above does he use?

C. Do you have any other strategies for improving your French?

11. ET LE PRIX EST ATTRIBUÉ À...

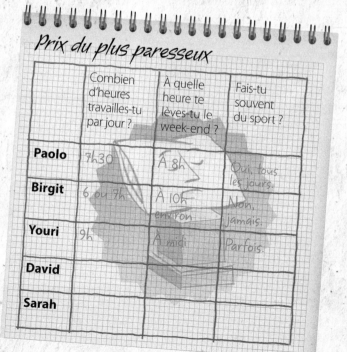
Discover the activities 2.0 on versionoriginale.difusion.com

a·z **A.** You are going to give one of these prizes (or you can choose something else) to a classmate. Working in pairs, first check and discuss the meanings of the adjectives. Then decide which prize goes with each adjective, and choose which one to award.

paresseux/-euse

travailleur/-euse

intellectuel(le)

sportif/-ve

fêtard(e)

écolo

gourmand(e)

coquet(te)

casanier/-ière

désordonné(e)

B. Now prepare a list of questions that will discover if someone deserves your chosen prize.

● Combien d'heures dors-tu normalement ?
○ Sept heures et demie.
● Et à quelle heure te lèves-tu ?

C. Put your questions to a group of classmates. Decide the winner and award the prize.

● Nous remettons le prix du plus paresseux à... Birgit !!! Félicitations Birgit !

Prix du plus paresseux

	Combien d'heures travailles-tu par jour ?	À quelle heure te lèves-tu le week-end ?	Fais-tu souvent du sport ?
Paolo	7h30	À 8h	Oui, tous les jours.
Birgit	6 ou 7h	À 10h environ	Non, jamais.
Youri	9h	À midi	Parfois.
David			
Sarah			

MÉTRO, BOULOT, DODO...

" Métro, boulot, dodo " is an expression used to describe the everyday routine of working people in the big cities. " Métro ", of course, refers to underground journeys, and to commuting in general. " Boulot " is an informal word for work, and " faire dodo " is a childish way of saying "to sleep".

MÉTRO

Le métro de Paris est l'un des plus anciens du monde. Aujourd'hui, le réseau parisien compte **seize** lignes, **214** km, **300** stations, **3,8 millions** de voyages par jour et presque **1,4 milliard** de voyages par an !

À Montréal, au Québec, le métro est très pratique car il est relié à la ville souterraine. De nombreux immeubles où les gens habitent et travaillent ont un accès direct aux stations et les habitants sont ainsi protégés des basses températures de l'hiver.

BOULOT

La France a une population active de **28 millions** de personnes, ce qui représente **64%** des Français entre **15** et **64** ans. En plus de ces 28 millions de personnes actives, **2,4 millions** travaillent moins de **30** heures par semaine.

Parmi les pays européens, le Danemark a le plus fort taux de population active (**77,1%** des personnes entre 15 et 64 ans) et Malte, le plus faible (**55,7%**).

DODO

Selon l'Institut National français de Prévention et d'Éducation pour la Santé (INPES), les Français de **25** à **45** ans dorment mal à cause du travail, du stress, des enfants, des loisirs, du temps de transport ou encore de mauvaises habitudes précédant l'heure du coucher (boissons excitantes, télé, Internet...). Alors, pour mieux dormir, ils prennent des psychotropes, des tisanes ou des médicaments homéopathiques.

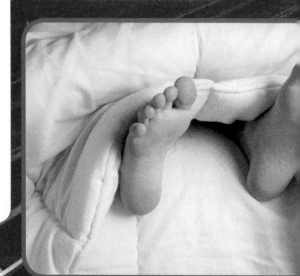

LE MÉTRO, C'EST :

▸ des gens pressés qui courent pour arriver à l'heure

▸ des gens qui lisent des livres ou des journaux gratuits

▸ des gens qui écoutent de la musique

▸ des gens qui somnolent

▸ de jeunes adolescents qui rient entre eux

▸ des courants d'air qui vous glacent ou qui vous décoiffent sur les quais

▸ des portes qui se ferment sur les gens

▸ des tags sur les murs le long des voies

▸ des mots et des dessins gravés sur les vitres

▸ des téléphones portables collés aux oreilles...

12. ET CHEZ VOUS ?

In English we speak of 'the daily grind'. Try to translate 'grind' into French. Use a dictionary to help.

ON TOURNE !

ZEN AU QUOTIDIEN

A. What is Qi Gong?

☐ un sport

☐ une philosophie

☐ une gymnastique occidentale

☐ une gymnastique chinoise

☐ un art martial

B. What must one do to **rester zen au quotidien** ?

☐ vivre tendu   ☐ dormir mal

☐ régulariser son énergie   ☐ rouler à vélo

☐ manger macrobiotique   ☐ être en contact avec la nature

☐ courir tout le temps   ☐ manger trop rapidement

Autres propositions : ....

C. What does Gérard do in the morning ?

7h 30 :...

9h : ....

9h 40 :...

D. What do you yourself do to stay calm? And your friends?

....

....

6

On fait les boutiques ?

At the end of this unit, you will be able to give someone a new look using purchases made at the classroom market.

To do this you will learn to:
• find out about a product
• buy and sell a product
• explain how we dress
• give your opinion on ways of dressing
• talk about the weather

You will learn to use:
• the present tense of **prendre**
• interrogative adjectives
• demonstrative adjectives
• colour adjectives

You will study the grammar of:
• the gender and agreement of colour adjectives

1. FABRIQUÉ EN FRANCE

A. What does this photo show? What do you know about French fashion?

B. Do you know any French brands (fashion, cosmetics, food…)?

C. Do you buy French products? Which ones?

- produits de beauté et parfums
- vêtements et accessoires
- produits alimentaires
- vins et liqueurs
- voitures
- autres…

- Moi, je n'achète jamais de produits français.
- Moi, j'achète souvent des vêtements de marque française.

2. CLIQUEZ ICI

Track 30

A. Stéphane wants to buy some clothes on the Internet. Séverine offers her advice. Listen to their conversation. What clothes are they talking about? What does Stéphane buy in the end?

B. Now, choose something for yourself, something for a classmate, and something for… your teacher!

- Pour moi, le pantalon noir en velours ; pour Alan, le pantalon à fleurs…

Bonnes affaires

Dolio Dolio Dolio

BOUTIQUE EN LIGNE

| MARQUES | FEMME | ENFANT | ADO | HOMME | LINGERIE | SPORT | BEAUTÉ | DÉCO | LITERIE |

pantalon à fleurs 28 €

pantalon blanc en lin 45 €

pantalon gris à rayures 39 €

pantalon noir en velours 40 €

chemise noire à manches courtes 19 €

chemise en lin à manches courtes 20 €

chemise rayée à manches longues 25 €

chemise à carreaux à manches longues 45 €

pull bleu en laine 35 €

pull vert 28 €

pull violet 28 €

pull rouge à capuche 50 €

C. What sort of things do you buy on the Internet?

- ☐ des livres
- ☐ des vêtements
- ☐ des entrées de spectacles
- ☐ autres : ....
- ☐ des DVD
- ☐ des produits de beauté
- ☐ des billets d'avion / train / bus

3. UNE SEMAINE À SAINT-TROPEZ

A. At the end of June, Géraldine is going to spend a week in Saint-Tropez at her cousin's house. What do you know about Saint-Tropez?

 B. Listen to their telephone conversation. What is the weather like in Saint-Tropez?

Track 31

 il fait très beau   il fait froid   il neige

 il pleut   il fait chaud

C. Look at the things Géraldine is packing. Do you know their French names?

• des tee-shirts	• un maillot de bain rose	• un lecteur MP3
• un pantalon rouge en toile	• des petites culottes	• du dentifrice
• deux robes	• un soutien-gorge	• une brosse à cheveux
• un jean	• une grande serviette de bain	• de la crème solaire
• un bonnet en laine		• du shampoing
• un gros pull en laine	• un livre	• un sèche-cheveux
• des sandales noires en cuir	• des lunettes de soleil	
• des baskets	• des chaussettes en laine	

 D. Do you think she's taking everything she will need? Is anything missing? What won't she need?

4. JULIE FAIT DU SHOPPING

A. Julie has to buy three outfits for three different occasions.
What would you advise her? Talk about it with a classmate.

LES DERNIÈRES TENDANCES MODE

sac à main doré

jupe rouge

jupe bleue en jean

chaussures argentées à talons

ballerines noires

sac à dos vert

jupe verte

bas violets à rayures

bottes vertes

sac à main rouge

sac à main blanc

bas couleur chair

collants noirs et verts

jupe bleue en satin

sac en cuir

ballerines rouges

Pour aller en cours / au travail

Quel sac ? *le sac en cuir*

Quelle jupe ?

Quels bas / collants ?

Quelles chaussures ?

Pour aller à un mariage

Quel sac ?

Quelle jupe ?

Quels bas / collants ?

Quelles chaussures ?

Pour aller en week-end à la campagne

Quel sac ?

Quelle jupe ?

Quels bas / collants ?

Quelles chaussures ?

B. Fill in the missing words with the right interrogative adjectives from the bottom of page 82.

	MASCULINE	FEMININE
SINGULAR	Quel sac ?	___ robe ?
PLURAL	___ collants ?	___ chaussures ?

C. Fill in the missing words with the right forms of **rouge** and **vert** as used in the picture opposite.

	MASCULINE	FEMININE
SINGULAR	Le sac vert	La jupe ___
PLURAL	Les collants ___	Les chaussures ___

	MASCULINE	FEMININE
SINGULAR	Le sac ___	La jupe ___
PLURAL	Les collants rouges	Les chaussures ___

DES SONS ET DES LETTRES

Track 32

D. Listen to the pronunciation of the four adjectives in the following phrases. How many different forms do you hear?

1. Un sac **gris**   Des sacs **gris**
   Une chemise **grise**   Des chemises **grises**

2. Un bonnet **vert**   Des bonnets **verts**
   Une robe **verte**   Des robes **vertes**

3. Un manteau **rouge**   Des manteaux **rouges**
   Une jupe **rouge**   Des jupes **rouges**

4. Un pull **noir**   Des pulls **noirs**
   Une chemise **noire**   Des chemises **noires**

5. ELLE EST PAS MAL CETTE JUPE !

In the dialogue below some demonstrative adjectives appear in bold. Use them to fill in the blanks.

	MASCULINE	FEMININE
SINGULAR	___ anorak ___ pull	___ jupe
PLURAL	___ collants	___ chaussures

• Tu aimes **cette** jupe ?
○ Elle est affreuse !

• Comment tu trouves **ce** pull ?
○ Pas mal !

• Et **ces** chaussures ?
○ Elles sont sympas.

• **Cet** anorak, il te plaît ?
○ Wahou, il est super !

6. C'EST POUR MA COPINE

A. Here is an extract from a film screenplay. What does Grégory want to buy? What does he buy? For how much?

SÉQUENCE 1/04. INT/JOUR – UNE PARFUMERIE

Grégory entre dans une parfumerie, il se dirige directement vers le vendeur.

GRÉGORY
Bonjour.

LE VENDEUR
Bonjour Monsieur.
Que désirez-vous ?

GRÉGORY
Je voudrais un parfum.

LE VENDEUR
C'est pour vous ?

GRÉGORY
Non, c'est pour ma copine.

LE VENDEUR
Elle aime quel genre de parfum ? Les parfums frais... les parfums intenses ?

GRÉGORY
Non, plutôt les parfums frais...

LE VENDEUR
Eh bien, j'ai, par exemple, Eau de Poisson, vous voulez le sentir ?

Il lui fait sentir.

GRÉGORY
Euh, c'est un peu fort.

LE VENDEUR
Ou quelque chose de plus jeune alors, Éclat, Éclat de Lior.

GRÉGORY
Ah oui, ça c'est très chouette ! Il coûte combien ?

LE VENDEUR
85 euros.

GRÉGORY
Et l'autre, il coûte combien ?

LE VENDEUR
L'autre, il est à 70 euros.

GRÉGORY
C'est un peu cher...

LE VENDEUR
Allez, Monsieur, pour votre petite amie...

GRÉGORY
Bon, d'accord, je prends Éclat.

LE VENDEUR
Vous avez bien raison. Je vous fais un paquet cadeau ?

GRÉGORY
Oui, s'il vous plaît.

LE VENDEUR
Vous payez comment ?

GRÉGORY
C'est possible par carte ?

LE VENDEUR
Oui, bien sûr.

GRÉGORY
Tenez, voilà...

Le vendeur prend la carte bancaire et encaisse.

LE VENDEUR
Merci et bonne journée.

GRÉGORY
Merci à vous. Au revoir.

LE VENDEUR
Au revoir.

B. Find the expressions used by Grégory (G) and the salesman (V) to...

▸ welcome his customer (V)
▸ ask for a product (G)
▸ ask for the price (G)
▸ give the price (V)
▸ announce his decision to buy (G)

C. Working in pairs, set up a rôle-play. Try giving your characters some personality.

Grégory
• timide
• indécis
• qui a peu d'argent

le vendeur
• peu patient
• sympa
• maladroit

◢ INTERROGATIVE ADJECTIVES

	MASCULINE	FEMININE
SINGULAR	**Quel** sac ?	**Quelle** robe ?
PLURAL	**Quels** bas ?	**Quelles** chaussures ?

An **Interrogative adjective** accompanies a noun and used to ask a question to distinguish one or more object (or individual) from others.

- **Quel** sac tu préfères ? (= il y a plusieurs sacs)
- ○ Le plus petit.

◢ DEMONSTRATIVE ADJECTIVES

	MASCULINE	FEMININE
SINGULAR	**Cet** anorak **Ce** pull	**Cette** jupe
PLURAL	**Ces** pulls	**Ces** chaussures

- **Cette** jupe est vraiment sympa, je l'achète !

◢ SHOPPING

	The salesperson	The costumer
Welcoming someone Greeting someone	**Bonjour** **Vous désirez… ?**	**Bonjour**
Asking for a product		**Je cherche…** **Je voudrais…** **Vous avez… ?**
Finding out about a product	**Nous avons…** **Voici…**	
Asking a price		**C'est combien ?** **Combien coûte… ?**
Asking for information about a product	**En quelle taille ?** **En quelle pointure ?**	
Expressing the decision to buy		**Je prends…**

◢ FEMININE AND PLURAL OF COLOUR ADJECTIVES

MASCULINE SING.	FEMININE SING.	MASCULINE PL.	FEMININE PL.
vert	verte	verts	vertes
gris	grise	gris	grises
noir	noire	noirs	noires
bleu	bleue	bleus	bleues
beige jaune rouge rose		beiges jaunes rouges roses	

 Orange and **marron** are invariable.

Une chemise **verte** à fleurs et un pantalon **orange** à carreaux ! Tu vas sortir comme ça ?

◢ PRENDRE

PRENDRE [pʀɑ̃] / [pʀən] / [pʀɛn]

je **prends**	nous **prenons**
tu **prends**	vous **prenez**
il / elle / on **prend**	ils / elles **prennent**

 [pʀɑ̃]

◢ TALKING ABOUT THE WEATHER

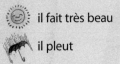 il fait très beau   il fait (très) chaud

il pleut   il neige

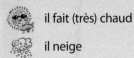 il fait (très) froid

7. POUR SORTIR LE SOIR...

Do you dress up or down according to circumstances? Discuss your answers with a partner.

> Au travail / en cours

> Chez moi

> Pour sortir avec mes amis

● Moi, pour aller en cours, je mets un jean et un pull et je ne me maquille pas mais le soir...
○ Moi, ...

LES MOTS POUR AGIR

To talk about dressing

mettre + clothing / accessory

● **Qu'est-ce que je mets** ce soir ?
● **Mets** ta robe noire.

8. QUEL STYLE !

A. Look at these models and ask your classmates what they think of the different clothes.

● Moi, j'aime bien la robe rouge mais je n'aime pas les chaussures à talons.

B. Can you define some of your classmates' style of dressing? Classic, sporty, fashionable or more eccentric? Tell the rest of the class.

● Je crois que Lucia a un style plutôt excentrique parce qu'elle aime les chaussures blanches à talons.

COLLECTION PRINTEMPS / ÉTÉ 2009 ET AUTOMNE / HIVER 2009/2010 – DANIEL HECHTER PARIS

9. LE MARCHÉ DE LA CLASSE

A. Divide yourselves into "customers" and "salespeople" and organise a classroom market.

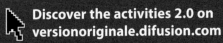
VENDEURS

Collect as many clothes and accessories as possible to sell. Prepare your stand, lay out and display everything you have collected and attach a price to each item. Be careful: your customers have a maximum budget of 100 Euros.

ACHETEURS

Your task is to change the look of a celebrity or, if you prefer, a volunteer from the class, who will be your client.
When the salespeople's stands are ready, go and do your shopping. Be careful: you have a maximum budget of 100 Euros.

● Bonjour !
○ Bonjour Monsieur.
● Je peux vous aider ?
○ Ben, je voudrais un tee-shirt.
● C'est pour vous ?
○ Non, c'est pour une amie.
● En quelle taille ?
○ 38.

LES MOTS POUR AGIR

▸ Don't forget to say hello and goodbye.
▸ Don't be too direct in asking something in French:

je ~~veux~~ ➔ je voudrais

B. After shopping, each buyer must describe their costumer's new look. The salespeople give their opinions!

● Pour Gérard, je propose cette écharpe mauve et une casquette en coton blanc...
○ Je trouve que l'écharpe mauve est sympa, mais avec la casquette, c'est affreux !

PRODUITS FRANÇAIS DE GÉNÉRATION EN GÉNÉRATION

Times change, techniques evolve, companies go global...
but some French food products resist time and are
passed down from generation to generation...

LE PETIT LU

Ce biscuit à quatre coins
est depuis 1850 le goûter
classique des grands et
des petits.
Le petit LU est même
devenu un objet de
décoration sous forme de
dessous-de-plat, de plat à
tarte, de tasses et sous-
tasses...

LE CARAMBAR

Tous les enfants (et même les
adultes !) ouvrent avec gourmandise
cette papillote jaune aux bords roses
et blancs de 8 cm de long nommée
« Carambar ». Pourquoi ? Pour
trouver un caramel de 10 g mais
aussi, depuis 1969, une devinette,
un rébus ou une charade... Un
bonbon à déguster entre amis et
dans la bonne humeur !

ON TOURNE !

CHINER À BRUXELLES

Version originale

A. Do you have a good
memory? What things have you
identified on the market?

....

....

....

B. What makes the Brussels flea market so special?

Il est :

- [ ] très ancien.
- [ ] nouveau.
- [ ] rare.
- [ ] le seul ouvert tous les jours.
- [ ] le seul ouvert le dimanche.
- [ ] spécialisé dans un style.

L'OPINEL

Vous partez en randonnée ou en pique-nique ? Surtout n'oubliez pas votre opinel ! Depuis 1897, ce petit couteau pliable au manche en bois se glisse dans n'importe quelle poche. Et il sert à tout ! En 1989, Larousse l'a introduit dans son dictionnaire.

MICHELIN

On roule toujours avec les fameux pneus Michelin, nés en 1889 à Clermont-Ferrand et rendus célèbres par le célèbre « Bonhomme Michelin » ou « Monsieur Bibendum » sur les publicités. Michelin, c'est aussi des cartes routières, des guides gastronomiques et touristiques.

10. ET CHEZ VOUS ?

Can you name any timeless products still available in Britain or another country?

....

....

....

....

C. Complete the information about Stéphane Carette's career.

▸ Son métier : ....

▸ Son rôle : vendre des ....

      rechercher ....

      .... la valeur marchande

      avoir l'œil ....

D. Choose an object you saw in the shop and explain how you could recycle it.

....

Have you ever tried to recycle old things? What? How?

....

E. Is there a flea market where you live? When and where does it take place? Have you ever bought or sold things there? What things?

....

....

....

The oral test is composed of three parts:
1. the directed interview
2. the exchange of information
3. the role-play

25 points | 10 min de préparation | 5 à 7 min d'épreuve

SOME ADVICE FOR THE EXAM

▸During **the directed interview**, the examiner will ask you some questions about yourself, your family and your likes and dislikes.
The examiner must ask his questions slowly and clearly, and you can ask him to repeat any that you don't understand.

▸During **the exchange of information**, you have to ask the examiner some questions. You will have to prepare these questions using key words concerning everyday life (address, name, town, sports, etc.).

▸In **the role-play,** the examiner will describe a scene or show you cards on which words are written. Using this scene or these words you will have to interact with the examiner to obtain an object or a service, such as buying a baguette, a book, a plane or train ticket, etc.

EXERCICE 1

A. Voici une série de mots-clés qui peuvent vous aider à préparer les questions que vous devez poser et auxquelles vous devez répondre lors des trois parties de l'épreuve de production orale. Avec un camarade, écrivez les questions que vous inspirent ces mots et préparez vos réponses (chacun ses propres réponses).

ADRESSE   NOM, PRÉNOM   VILLE   FRÈRES / SŒURS

SPORTS   MUSIQUE   MÉTIER / ÉTUDES   LIVRES

B. À deux, posez-vous les questions et répondez-y.

EXERCICE 2

Avec un camarade, lisez les questions suivantes et préparez vos réponses
(chacun ses propres réponses). Puis, à tour de rôle, jouez le rôle de
l'examinateur et du candidat en répondant oralement.

▸ Comment vous appelez-vous ?

▸ Quel est votre âge ?

▸ Que faites-vous dans la vie ?

▸ Quelles langues parlez-vous ?

▸ Quels sont vos chanteurs et vos acteurs préférés ?

▸ Quels sports pratiquez-vous ?

EXERCICE 3

A. À deux. L'un joue le rôle du vendeur, l'autre du client.
Vous partez en vacances à la montagne. Avant votre départ, vous allez acheter
dans une boutique les vêtements dont vous avez besoin.

B. Créez d'autres dialogues et jouez-les.

▸ Vous achetez un jean noir dans une boutique.
▸ Vous achetez un billet de TGV Paris-Lyon au service clients d'une gare.

PROGRESS REPORT

1. Skills targeted in units 5 and 6	I am able to...	I find it difficult to ...	I am not yet able to...	Examples
find out the time of day, the moment, frequency, and duration of events				
break down time and place events in time				
express similarity or difference with **aussi, non plus...**				
ask someone to distinguish one or more things or individuals with **quel/le/s/les**				
go shopping				
talk about the weather				

2. Knowledge targeted in units 5 and 6	I know and use correctly...	I know but have difficulties with...	I don't yet know...
times of the day			
days of the week			
the verbs: **aller** and **sortir**			
pronominal verbs: **se coucher** and **se lever**			
interrogative adjectives: **quel/le/s/les**			
demonstrative adjectives: **ce, cet, cette, ces**			
the feminine and plural of colour adjectives			
the verbs: **prendre** and **vivre**			
the pronunciation of the feminine of adjectives			

BALANCE SHEET

My current ability in French	☼	☼◔	☁	☁☁
reading				
listening				
speaking				
writing				
performing tasks				

My current knowledge	☼	☼◔	☁	☁☁
of grammar				
of vocabulary				
of pronunciation and spelling				
of culture				

At this stage, my strong points are: ....

....

At this stage, my difficulties are: ....

....

Ideas for practising/improving	in class	outside class (at home, in the street...)
my vocabulary		
my grammar		
my pronunciation and spelling		
my reading practice		
my listening practice		
my oral work		
my written work		

You may want to compare your progress with other members of your class.

7

Et comme dessert ?

At the end of this unit, you will be able to create a menu to offer French people you might invite to your home.

To achieve this you will learn to:
- give and ask for information about a dish and its ingredients
- order in a restaurant
- express quantity
- talk about action in the future

You will use:
- the near future: **aller** + infinitive
- direct object pronouns
- partitive articles
- vocabulary for food
- vocabulary for quantity

You will work on the pronunciation of:
- nasal vowels

PRIX DU PAIN

Nom de produit	poids	prix	prix au kilo
BAGUETTE	250g	0 €85	3€40
BAGUETTE POINTUE	250g	1 €00	4€00
BAGUETTE DE TRADITION	250g	1€10	4€40
PAIN	500g	1€45	2€90
BÂTARD	250g	0€95	3€80
PAIN COMPLET	350g	1€60	4€57
BAGUETTE AUX CÉRÉALES	250g	1€25	5€00
FICELLE AUX CÉRÉALES	125g	0€70	5€60
PAIN AUX CÉRÉALES	350g	2€50	7€14
PAIN DU SOLEIL	500g	2€20	4€40

Premier contact

1. DU PAIN, DU VIN ET DU FROMAGE

A. Do you know the products in these pictures? Working with a partner, fill in the matching numbers below.

- [ ] Ça, c'est du chocolat.
- [ ] Ça, c'est des huîtres.
- [ ] Ça, c'est du pain.
- [ ] Ça, c'est du vin.
- [ ] Ça, c'est du champagne.
- [ ] Ça, c'est des cerises.
- [ ] Ça, c'est du fromage.
- [ ] Ça, c'est des olives.

• Ça, c'est du champagne, non ?
○ Oui et…

B. Have you ever eaten these products?

• J'ai déjà bu du champagne.

2. CRÊPERIE TY BREIZH

A. Do you know what **crêpes** are? Here is a menu from a **crêperie**. Do you know all these ingredients? Match them to the pictures below.

Crêperie Ty Breizh

Les salées

Fromage	4,50 €	**Laïta** *Saumon fumé, crème fraîche, citron*	8,30 €	
Œuf	4,50 €	**Berger** *Fromage de chèvre chaud, salade, tomates*	8,30 €	
Jambon	4,50 €	**Périgourdine** *Foie gras, salade, tomate*	8,50 €	
Popeye *Épinards, crème fraîche, œuf*	6,30 €	**Charleston** *Pommes de terre, fromage, jambon, œuf, salade*	9,50 €	
Printanière *Salade, œuf, tomate*	6,30 €	**Campagnarde** *Œuf, champignons, oignons, crème fraîche, salade*	9,50 €	
Ty Breiz *Saucisse, fromage*	6,30 €			
Harpe *Roquefort, beurre, noix*	8,30 €			
Crêpe Maison *Jambon, fromage, champignons*	6,30 €			

Les sucrées

Sucre	3,00 €
Beurre et sucre	3,00 €
Miel	4,50 €
Chocolat	4,50 €
Chantilly	4,50 €
Confiture au choix *Fraise, myrtille, orange, framboise*	4,50 €
Noix	4,50 €
Banane, chocolat	5,50 €
Banane, chocolat, chantilly	6,00 €
Supplément Boule de glace	2,00 €

B. Imagine that you are in this **crêperie**. Which **crêpe** would you like to try? Order it from your teacher.

- Bonjour. Vous désirez...
- Pour moi, une crêpe au jambon.
- D'accord et pour monsieur ?
- Mmm, qu'est-ce que c'est le foie gras ?

a›z **C. Crêpes** can be made with many different ingredients. You can invent one yourself. What ingredients will you use? Give it a name and display the recipe.

Ma crêpe

Nom : Brésilienne
Ingrédients: mangue,
fromage blanc, sucre de canne

3. ET POUR MADAME ?

A. It is midday and the restaurant tables are filling up. Read the menu of the *Café des Dames* and write down what Ana and Sergio, two Spanish tourists on holiday in Paris, choose as a starter and a main course.

Track 33

CAFÉ DES DAMES

TABLE Nº

Entrée

Plat principal

Menu tradition · 25€

Entrées
- *Salade niçoise*
- *Rillettes de thon*
- *Foie gras*
- *Escargots*
- *Entrée du jour*

Plats principaux
- *Blanquette de veau*
- *Steak tartare*
- *Confit de canard*
- *Plat du jour*

Desserts
- *Glace maison*
- *Tarte tatin*
- *Tarte au chocolat*
- *Crème brûlée*

B. Which of these is the starter of the day? And the main dish of the day?

Entrée du jour

◯ Salade de fromage de chèvre chaud

◯ Salade printanière

◯ Salade landaise

Plat du jour

◯ Filet de saumon grillé

◯ Filet de colin sur un lit de pommes de terre

◯ Filet de bœuf aux petits oignons

4. SOIRÉE COUSCOUS

A. Sophie, Léa and Amandine are planning a couscous evening. Read this conversation and fill in the form with their decisions.

S - On peut faire la soirée chez toi, Léa ?

L - Oui, mes parents vont fêter leur anniversaire de mariage au resto. Mais ils vont sûrement rentrer tôt.

A - On peut la faire chez moi. Samedi, je vais être toute seule à la maison.

S - Cool ! Et qui va faire le couscous ?

L - Mmm, ben, moi.

S - Toi, tu vas faire le couscous ?

L - Bien sûr, je fais un couscous délicieux.

S - Ah bon ! Génial... Et qui est-ce que nous allons inviter ?

A - On peut inviter Thibaut, Quentin...

L - Quentin, c'est pas possible, il va passer le week-end à Paris.

S - On va être quatre alors !

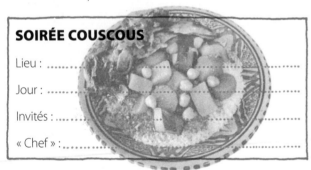

SOIRÉE COUSCOUS

Lieu : ....

Jour : ....

Invités : ....

« Chef » : ....

 B. In the conversation you can see a new verbal form, using the present tense of the verb **aller** + the infinitive. Complete the table.

ALLER + INFINITIF

je		fêter
tu		être
il / elle / on..........................		faire
nous ....*allons*...............	**+**	passer
vous ....*allez*..............		rentrer
ils / elles		inviter

This form (**futur proche**) is used to express intentions and future actions.

C. What are you going to do this weekend?

5. L'ADDITION, S'IL VOUS PLAÎT

Read these fragments of dialogues. Who is speaking: the waiter (W) or the customer (C)?

Bonjour Monsieur.	Bonjour.	*C*

Vous me donnez la carte ? — Oui, bien sûr. La voici.

Excusez-moi, le potage du jour, il est à quoi ? — Aux tomates.

Excusez-moi, qu'est-ce que c'est le taboulé ? — C'est une salade à base de semoule, tomates, concombres...

Alors... vous avez choisi ? — Oui. Comme entrée, je vais prendre un potage du jour.

Et comme plat ? — Comme plat, je vais prendre un steak au poivre.

Saignant, à point, bien cuit ? — À point, s'il vous plaît.

Et comme boisson ? — De l'eau.

Plate ou gazeuse ? — Plate.

Vous allez prendre un dessert ? — Oui, une glace.

Pouvez-vous me donner l'addition, s'il vous plaît ? — Tout de suite, Monsieur !

6. VOTRE SANTÉ ET L'ALIMENTATION

A. Do you have a balanced diet?
To find out, indicate how often you eat the foods in the food pyramid.

TEST DE SANTÉ

INGRÉDIENTS / ALIMENTS ?	A	B	C
Des fruits	1 fois par jour ou moins	2 à 3 fois par jour	plus de 3 fois par jour
Des légumes	1 fois par jour ou moins	2 à 3 fois par jour	plus de 3 fois par jour
Du poisson	presque jamais	2 à 3 fois par semaine	plus de 3 fois par semaine
Des œufs	1 ou 2 fois par jour	aucun	3 à 5 fois par semaine
De la viande rouge	tous les jours	2 à 4 fois par semaine	1 fois par semaine
Des sucreries	1 fois par jour ou plus	1 ou 2 fois par semaine	jamais
Du lait	du lait entier	du lait demi-écrémé	du lait écrémé
Du pain / **du** riz	moins d'une fois par jour	1 ou 2 fois par jour	4 fois par jour

RÉSULTATS

Majorité en colonne A.
Attention ! Vous consommez trop d'aliments caloriques et contenant du cholestérol. Un conseil : remplacez les sucreries par des fruits, la viande et les œufs par du poisson. Et n'oubliez pas les féculents.

Majorité en colonne B.
Pas mal ! Vous consommez assez de fruits et légumes, de poisson et de céréales ; mais surveillez votre consommation de viande et de sucreries !

Majorité en colonne C.
Bravo ! Vous consommez tous les aliments nécessaires à votre santé et en bonnes quantités. Mais n'oubliez pas : manger est aussi un plaisir.

B. Now compare your answers with the results panel. What do you think of your diet?

 C. Look at the words printed in bold in the test: these are partitive articles. Do you understand how they work? Fill in the blanks below.

Partitive articles are used to talk about quantities:

☐ that are determinate.   ☐ that are indeterminate.

They agree with the noun in gender and number.

MASCULINE SINGULAR		FEMININE SINGULAR	
	chocolat		crème
	poisson		eau
PLURAL			
	légumes (masc.)		
	sucreries (fem.)		

7. CHACUN SES PRÉFÉRENCES

A. What are your tastes in food? Underline what you prefer.

L'eau vous l'aimez…	• plate. • gazeuse. • fraiche.

Vous préférez le lait	• entier. • demi-écrémé. • écrémé.

Le café, vous **le** prenez…	• noir. • avec du lait. • avec ou sans sucre. • décaféiné.

Vous assaisonnez la salade…	• avec de l'huile. • avec de la vinaigrette.

Votre viande, vous **la** mangez…	• en sauce. • grillée. • saignante, à point, bien cuite.

Vous mangez les œufs…	• à la coque. • durs. • au plat.

Quand vous mangez des légumes, vous **les** préparez…	• à la vapeur. • frits. • crus.

B. Look at the direct object nouns (in red) and the direct object pronouns (in bold). Do you understand how they work? Fill in the blanks.

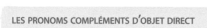

LES PRONOMS COMPLÉMENTS D'OBJET DIRECT

MASCULIN SINGULIER	FÉMININ SINGULIER

PLURIEL

8. UN BON VIN BLANC

DES SONS ET DES LETTRES

Track 34

A. Listen to the pronunciation of these words, especially the nasal vowels. Then repeat each series.

1. **restaurant** (ʀɛstoʀɑ̃) **piquant** (pikɑ̃)
   saignant (sɛɲɑ̃) **santé** (sɑ̃te)

2. **vin** (vɛ̃) **romarin** (ʀomaʀɛ̃)
   pain (pɛ̃) **tatin** (tatɛ̃)

3. **boisson** (bwasõ) **melon** (məlõ)
   bon (bõ) **saumon** (somõ)

B. Now listen to these series of three words. Number the words of each series in the order in which you hear them.

Track 35

_2_ peine	_3_ pain	_1_ paix
…… bon	…… bonne	…… beau
…… taux	…… thon	…… tonne
…… an	…… Anne	…… a
…… ses	…… sain	…… saine
…… reine	…… reins	…… raie

C. Listen to these sentences and repeat them.

Track 36

• Voulez-vous du pain ?
• Voulez-vous du vin blanc ?
• Voulez-vous du poisson ?

◢ ORDERING AND TAKING AN ORDER

WAITER	CLIENT
TO TAKE AN ORDER	**TO ORDER**
● Et pour ces messieurs / dames ?	○ Comme entrée / plat / dessert, je vais prendre…
● Alors, vous avez choisi ?	
● Et comme entrée / plat / dessert ?	
● Vous allez prendre une entrée / un dessert ?	
	TO PAY
	○ Combien je vous dois ?
	○ Pouvez-vous me donner l'addition ?
	○ L'addition, s'il vous plaît.

◢ ASKING FOR AND GIVING INFORMATION ABOUT A DISH

TO ASK	TO GIVE
● (Excusez-moi), la soupe du jour, elle est à quoi ?	○ Aux tomates.
● (Excusez-moi), qu'est-ce que c'est la raclette ?	○ C'est une recette avec des pommes de terre, de la charcuterie et du fromage fondu.

Confiture de fraises   **Crêpe au** beurre
Soupe à l'oignon   **Omelette aux** champignons
Salade d'endives   **Sandwich** jambon-beurre

◢ FUTURE ACTION AND INTENTIONS

In the same way as in English, **aller** + infinitive is used to express intentions and future actions.

● Ce week-end, je vais aller à la mer.
● La semaine prochaine, je vais commencer à étudier sérieusement.

ALLER + INFINITIVE

je **vais aller**	nous **allons acheter**
tu **vas partir**	vous **allez manger**
il / elle / on **va arriver**	ils / elles **vont boire**

◢ EXPRESSING QUANTITY

INDETERMINATE QUANTITY – PARTITIVE ARTICLES

Partitive articles are mandatory before uncountable nouns.

du café

une thermos de café

une tasse de café

des bols de café

de l'eau

un litre d'eau

une carafe d'eau

des verres d'eau

DETERMINATE QUANTITY

Trois boîtes de…	100 grammes de…
Deux paquets de…	Un demi kilo de…
Une bouteille de…	Un kilo de…
Dix tranches de…	Un kilo et demi de…
Deux tablettes de…	
Cinq pots de…	Un demi-litre de…
Deux sachets de…	Un litre de…
	Un litre et demi de…

◢ DIRECT OBJECT PRONOUNS

The direct object pronoun replaces a noun already mentioned. It agrees in gender and number with the noun that it replaces.

MASCULINE SINGULAR	FEMININE SINGULAR
● Comment prépare-t-il le poulet ?	● Comment prépares-tu la viande ?
○ Il **le** cuisine avec du vin. Il **l'**aime ainsi.	○ Je **la** fais au four. Je **l'**aime bien cuite.

PLURAL
● Comment mangez-vous les fraises ?
○ Je **les** mange avec du sucre.

9. DES AMIS À DÎNER

A. Monique is having friends round for dinner tonight. Read her shopping list and look at her purchases: has she forgotten anything?

- 1 poulet
- 250 g de champignons
- 2 bouteilles de vin blanc
- tomates
- oignons
- riz
- 1 tablette de chocolat
- 1 plaquette de beurre
- 1 pot de crème fraîche
- 1 paquet de sucre en poudre
- une demi-douzaine d'œufs
- 1 salade
- 3 tranches de gouda jeune
- 100 g de roquefort
- 3 pommes golden ou gala
- huile
- vinaigre

 B. To check, listen to Monique as she puts her shopping away.

Track 37

10. UN REPAS DE BIENVENUE

A. A travel guide explains the relationship that French people have with food and gives good advice to foreigners on holiday in France. Read it with a partner and discuss the similarities and differences with your home country or region.

Pour les Français, la nourriture est une grande préoccupation... et un grand plaisir !

☞ En France, on parle de cuisine même quand... on mange !

☞ En France, les journaux parlent tout le temps de régime d'amaigrissement, de qualité nutritive des aliments... On mange bien, mal, trop ou pas assez, il s'agit toujours de... manger !

☞ En France, il y a des supermarchés immenses qui proposent des centaines de produits alimentaires : des dizaines de fromages, des centaines de vins, une grande variété de charcuterie, des fruits et des légumes variés, sans parler du foie gras ou des huîtres... Aujourd'hui, on trouve même des repas tout prêts, sous vide, cuisinés par les plus grands chefs !

☞ En France, la nourriture c'est une affaire sérieuse qui s'évalue : messieurs Gault et Millau sont les fondateurs d'un guide gastronomique aussi célèbre que le Guide Michelin. Chaque année, ces guides attribuent des étoiles aux restaurants. Pour un restaurateur, recevoir une étoile de plus c'est comme recevoir le prix Nobel pour un scientifique.

B. Now, read the advice to follow if you have French people over to your house or you are invited to a French person's house.

À faire / à ne pas faire

- Toujours faire d'un repas un plaisir et une rencontre : manger confortablement assis, dans un endroit agréable, en compagnie, et prendre son temps.

- Un bon repas à la française, c'est : un apéritif, une entrée, un plat, un dessert ou un fromage (et même une salade digestive après le plat).

- Les Français apprécient une bonne bouteille de vin en mangeant.

- En cas d'invitation, toujours apporter quelque chose : le dessert, l'apéritif (chez des amis) ou, pour une invitation plus formelle, apportez plutôt du vin, des chocolats ou des fleurs.

- Ne vous servez pas tout seul. Attendez qu'on vous le propose.

- N'oubliez pas que les Français vont apprécier vos compliments : « C'est vraiment délicieux ! Fabuleux, ce clafoutis ! »

C. Now that you know more about French people, you are going to welcome a group of French teachers who are visiting your town. You are going to offer them a welcome meal. In a group, decide on the time, the duration and the type of meal that you would like to offer them.

- ▸ un brunch du dimanche
- ▸ un pique-nique dehors
- ▸ un repas complet international
- ▸ un repas typique de votre pays
- ▸ un repas végétarien
- ▸ un buffet
- ▸ un goûter
- ▸ …

D. Working in small groups, choose the menu for the meal. Write down the ingredients that you will need.

Salade de pommes de terre

1,5 kg de pommes de terre

1 cornichon

1 oignon

1 pot de mayonnaise

sel, poivre

E. Present your menu to the rest of the class. Be careful, everybody needs to understand what it's about.

- ● Nous, nous proposons un pique-nique. Comme entrée, nous proposons une salade allemande.
- ○ C'est fait avec quoi ?

 Explore the additional activities 2.0 on versionoriginale.difusion.com

LES FRANÇAIS ONT LA RÉPUTATION D'ÊTRE DE FINS GOURMETS. EST-CE UN MYTHE OU UNE RÉALITÉ ?

According to **Francoscopie**, French people's food choices have evolved a great deal since the 1960s. By 2009, they were eating three times more poultry, less fresh vegetables but more frozen vegetables, more tomatoes and stewed fruits, fewer baguettes. They also buy a lot more flavoured yoghurts and dairy-based desserts. Frozen ready meals are very popular. With regard to drinks, they drink more fruit juice, beer and cocktails, and more mineral water.

LES REPAS DES FRANÇAIS

Petit déjeuner

Le petit déjeuner a évolué et la trilogie pain-beurre-confiture est souvent complétée ou remplacée par un bol de céréales accompagné d'un fruit ou d'un jus de fruit. Les adultes boivent un thé ou un café (avec ou sans lait) et les plus jeunes un chocolat au lait.

Déjeuner

Au déjeuner, quatre Français sur dix mangent à l'extérieur :

• ceux qui sont scolarisés mangent à la « cantine ». 40% des demi-pensionnaires ne sont pas satisfaits de cette formule et les collégiens donnent la note très moyenne de 12/20 à leur cantine (sondage Ifop, janvier 2008). Pourtant huit ados sur dix estiment y passer un moment plutôt ou très agréable. Vive les copains, donc !

• les adultes, eux, mangent aux restaurants d'entreprise ou dans des restaurants qui proposent des plats du jour. Ils achètent aussi leurs repas dans des snacks, des boulangeries ou encore chez le traiteur ou dans des distributeurs automatiques. Certains prennent la peine de préparer un petit repas à la maison et l'apportent au bureau. Le repas se prend alors rapidement pour partir plus tôt ou s'avancer dans son travail.

Certains mangent aussi debout pour gagner du temps : en faisant leurs courses, leur shopping et même en revenant du sport ! C'est ce qu'on appelle le « nomadisme alimentaire ».

Dîner

Les Français passent-ils des heures dans leur cuisine pour privilégier les repas en famille ? Cela dépend…

Si manger est considéré comme une corvée supplémentaire, après une longue journée de travail, le repas risque d'être de style « malbouffe », fait d'aliments trop gras et trop sucrés, pauvres en nutriments, vite avalé devant la télévision.

Si manger est considéré comme un plaisir, le repas sera de style « slow food » avec des légumes achetés au marché bio, cuits dans un « wok », une viande ou un poisson grillé. Le repas se terminera par des fruits. La famille prendra le temps de l'apprécier et de discuter de sa journée tout en mangeant.

11. À TABLE !

A. Compared to the 1960s,

the French now eat less:

....

the French now eat more:

....

B. Give the definition of:

la malbouffe : quand manger est une

....

le slow food : quand manger est un

....

C. What about you?

Are there school canteens and staff cafeterias in your country?

....

If not, where do children and employees eat?

....

Where do you eat at lunchtime? What do you eat?

Where do you buy it?

....

....

ON TOURNE !

LES SECRETS DU ROQUEFORT

A. Number these things 1 to 6 in the order you see them during the visit.

☐ les fromages   ☐ la cave

☐ un enfant   ☐ la guide

☐ le village   ☐ les fleurines

B. To make good Roquefort, you need:

un taux d'humidité de : ....

une température de : ....

un champignon qui s'appelle : ....

Les trois étapes de la fabrication sont : ....

....

....

C. If you have ever tried this cheese, say what you think of it.

☐ doux

☐ fort

☐ sans saveur

☐ bon

☐ horrible

D. Does your country or your region have a typical local cheese? What is it called? Where is it made?

....

....

8

Je sais bricoler

At the end of this unit, you will be able to describe your knowledge and skills and offer services to your class.

In order to do this, your will learn to:
- talk about your experience and what you know how to do
- talk about past events

You will use:
- le passé composé
- the verbs **savoir**, **pouvoir** and **connaître**
- descriptive adjectives
- expressions denoting past time

You will work on the pronunciation of:
- liaisons

JE FAIS VOS COURSES.
OSCAR
06 87 47 29 00

Japonaise de 30 ans, 5 ans
d'expérience dans l'enseignement,
enseigne le japonais.
Yoko   yoko.japo@version.vo

Votre voiture est en panne ? Vous
n'avez pas le permis de conduire ?
Je vous conduis où vous voulez.
Yvette   05 74 37 28 39

Je vous coiffe chez
vous.
Corinne
06 68 42 53 44

Je fais toutes sortes
de tartes.
Annick 06 26 57 48 39

J'aide vos enfants à
faire leurs devoirs.
Serge
06 58 40 30 20

1. QUI FAIT QUOI ?

A. These people belong to a service exchange organisation. Here is their notice board. Match each photo to its advert.

- Je crois que la photo A représente Oscar qui fait les courses.

B. Do any of the services interest you? Which?

- Le service d'Annick m'intéresse parce que je suis très gourmand et que je n'ai pas le temps...

2. UN BILAN DE COMPÉTENCES

A. A skills assessment can be useful for making decisions about our future careers. Here is one of these career guidance tests and the answers given by Camille, a young 18 year old girl who has to decide what she is going to study and what her career should be. Define her personality.

• communicative   • généreuse   • aventurière   • cultivée   • pratique

BILAN DE COMPÉTENCES

Nom : LEGRAND

Prénom : CAMILLE

Avez-vous déjà voyagé à l'étranger ?
- ☑ Oui, j'adore découvrir différentes cultures.
- ☐ Non, je préfère rester chez moi.
- ☐ Oui, pour le travail / mes études.
- ☐ Autre.

Avez-vous déjà pratiqué un sport à risque ?
- ☐ Oui, j'ai sauté en parachute / fait de la plongée sous-marine / fait de l'escalade...
- ☑ Je n'en ai jamais eu l'occasion, mais j'aimerais bien.
- ☐ Non, je déteste prendre des risques.
- ☐ Autre.

Avez-vous déjà repeint votre maison / votre chambre ?
- ☑ Oui, j'aime bien bricoler.
- ☐ Non, les travaux manuels, c'est pas mon truc.
- ☐ Oui, mais je préfère contacter un professionnel.
- ☐ Autre.

Combien de livres avez-vous lu cette année ?
- ☑ Au moins 10 livres, j'adore la lecture.
- ☐ De 2 à 10.
- ☐ Aucun, je ne lis jamais.
- ☐ Autre.

Parlez-vous des langues étrangères ?
- ☑ Oui, j'adore communiquer et j'apprends des langues facilement.
- ☐ J'ai étudié plusieurs langues, mais j'ai encore du mal à m'exprimer.
- ☐ Non, je ne suis pas doué pour les langues.
- ☐ Autre.

Vos vacances idéales...
- ☑ partir avec une association humanitaire à l'étranger.
- ☐ un trekking au Népal.
- ☐ une visite organisée des châteaux de la Loire.
- ☐ Autre.

Avez-vous déjà travaillé en équipe ?
- ☑ Oui et j'adore !
- ☐ Oui, mais seulement si je suis le chef.
- ☐ Non, je préfère travailler de manière individuelle.
- ☐ Autre.

Avez-vous déjà aidé des amis à résoudre un problème personnel ?
- ☑ Souvent, les amis sont là pour cela.
- ☐ Seulement quand ils me l'ont demandé.
- ☐ Jamais.
- ☐ Autre.

Vous préférez...
- ☐ vous occuper du jardin.
- ☑ garder des enfants.
- ☐ organiser une fête.
- ☐ Autre.

Avez-vous déjà joué dans une pièce de théâtre ?
- ☑ Oui, je fais partie d'un groupe.
- ☐ Une fois, il y a des années.
- ☐ Jamais. Je suis trop timide.
- ☐ Autre.

B. For more information about Camille's tastes and skills, listen to her interview with a careers guidance counsellor.

Track 38

En cours, ses matières préférées sont

....

Elle aime

....

Elle n'aime pas

....

Elle est douée pour

....

Elle se voit comme une personne

....

C. Working in pairs, and using the information you have, decide what career would best suit Camille.

☐ Infirmière

☐ Professeure

☐ Assistante sociale

☐ Bibliothécaire

☐ Commerce international

☐ Autres : le(s)quel(s) ?

• Je crois qu'elle pourrait être assistante sociale, parce qu'elle aime aider les gens et qu'elle sait travailler en équipe...

○ Mmm, je n'en suis pas certaine...

D. Now each of you individually complete the Skills Assessment, then rewrite exercise **B** and complete the sentences to refer to and describe yourself.

3. POISSONS D'AVRIL, VACHES ET AVIONS

A. In France, on April 1st, newspapers like to print an untrue but credible story – **un poisson d'avril** (an April Fool). One of the following stories is **un poisson d'avril.** Which?

> Un Airbus A320 s'est posé hier sur l'eau glacée de la rivière Hudson à New York.

> En Angleterre, deux pilotes amateurs ont atterri dans un pré pour déjeuner... Des vaches ont mangé les ailes de leur petit avion et ils ont dû rentrer chez eux en train.

> La SNCF a décidé de faire payer pour l'usage des toilettes dans ses trains.

> La police du Valais (en Suisse) a arrêté deux personnes pour le vol de 32 cloches de vaches.

> Le 8 décembre à St-Galmier (Rhône-Alpes), Daniel Bocuze est entré dans le livre des records : il a couru 732,5 km sur un tapis roulant pendant 168 heures, nuit et jour.

 B. For the answer, listen to the following day's news on the radio.

Track 39

C. All these paragraphs are written in **le passé composé**, a tense used to talk about past events. Read the stories again and underline the forms of this tense.

 D. How is **le passé composé** formed? Try to complete the rule.

PASSÉ COMPOSÉ :		
PRESENT TENSE OF ⬚ OR ⬚	+	PAST PARTICIPLE OF THE VERB

4. PARCOURS DE VIE

A. These three people are each well known in their own field.
Match the six sentences that correspond to each of them.

B Il est né en 1952 à Bagneux, où il a vécu une enfance modeste.

A Il est né à Bruxelles de parents français.

C Il est né en 1926 près de Lyon, dans une famille de cuisiniers depuis le XVIIᵉ siècle.

A Claude Lévi-Strauss
anthropologue

Très jeune, sa grand-mère lui a appris à coudre.

En 1942, il est entré comme apprenti dans un restaurant de Lyon où il a appris à faire le marché.

Il s'est installé au Brésil, où il a enseigné la sociologie à l'université de São Paulo de 1935 à 1938.

B Jean-Paul Gaultier
styliste

À 18 ans, il s'est engagé dans l'armée de libération du Général de Gaulle.

Il a envoyé ses croquis à Pierre Cardin et, le jour de ses 18 ans, il est entré dans cette maison de couture.

En 1938, il a traversé le Brésil, où il a rencontré les indiens Nambikwara, les Mundé et les Tupi Kawahib.

C Paul Bocuse
cuisinier

À Lyon, il a continué son apprentissage chez Eugénie Brazier où, en plus de faire la cuisine, il a entretenu le jardin potager et fait la plonge du restaurant.

En 1974, il a lancé sa première collection au Palais de la Découverte à Paris.

Pendant la 2ᵉ guerre mondiale, il a quitté la France et s'est réfugié à New York.

Dans les années 40, il a travaillé dans un prestigieux restaurant de la place de la Madeleine à Paris.

Du début des années 1960 au début des années 1970, il s'est consacré à l'étude des mythes.

En 1983, il a lancé la mode du tee-shirt à rayures.

En 1997, il a créé les costumes du film le *Cinquième élément* de Luc Besson.

En 1987, il a créé un concours mondial de cuisine.

En 2008, il a eu 100 ans.

B. Look at the verb forms used here. Note down the verbs that take the auxiliary verb **être** and those that take **avoir**.

With **être**: ....

With **avoir**: ....

C. Read the text again and underline the expressions that denote time.

 D. Now write down what you consider to be the key stages of your life: birth, education, work and personal life.

- Je suis né à Munich. J'ai fait des études de Biologie à l'université Humboldt de Berlin. Je me suis marié en 2003...

5. LIAISONS DANGEREUSES

DES SONS ET DES LETTRES

Track 40

A. A **liaison** is the pronunciation of a normally silent consonant at the end of a word when the next word begins with a vowel. Listen to these verb forms and indicate the **liaisons**. What sound do you hear?

j'	**ai**	fait	je	**suis**	venu
tu	**as**	fait	tu	**es**	venu
il	**a**	fait	il	**est**	venu
nous	**avons**	fait	nous	**sommes**	venus
vous	**avez**	fait	vous	**êtes**	venus
ils	**ont**	fait	ils	**sont**	venus

Track 41

B. Now, what do you hear: **ils sont** or **ils ont**?

1. ils .... venus
2. elles .... appris
3. ils .... partis
4. ils .... acheté
5. elles .... restées
6. elles .... déjeuné

6. CE SOIR, JE NE PEUX PAS

A. Read the text of this conversation, then answer the questions.

- Tu sais faire la quiche lorraine ?
- Oui, pourquoi ?
- Tu en fais une ce soir ?
- Ah non, ce soir, je ne peux pas.
- Tu dis ça parce que tu ne sais pas la faire...
- Mais si, je sais. Mais ce soir, je ne peux pas, je n'ai pas le temps.

Can you cook any typical French dish?
Can you give the recipe to your classmates?

B. Working in pairs, complete the following sentences with **je peux** or **je sais**.

.... nager depuis l'âge de trois ans. J'ai appris avec mon père.

.... aller faire les courses, si tu veux.

.... rester avec les enfants ce soir, si tu veux sortir.

.... jouer du piano et du violon. J'ai fait 12 ans d'études au conservatoire.

.... boire un verre d'eau ? J'ai soif.

.... pourquoi Alice n'est pas venue ce matin.

.... venir avec vous au cinéma ?

.... parler trois langues étrangères.

Vous avez déjà terminé la réunion ?

◢ TALKING ABOUT PAST EVENTS

LE PASSÉ COMPOSÉ

PRESENT TENSE OF AUXILIARY VERB **AVOIR** OR **ÊTRE**	+	PAST PARTICIPLE OF THE VERB

j'	ai		je	suis	
tu	as		tu	es	**parti(e)**
il / elle	a	**étudié**	il / elle	est	
nous	avons		nous	sommes	
vous	avez		vous	êtes	**parti(e)(s)**
ils /elles	ont		ils / elles	sont	

The choice of the auxiliary verb

▶ With avoir, all verbs except:
  – **the reflexive verbs.**
   • Hier, je me **suis** couché(e) de bonne heure.
  – **the following 15 verbs** which indicate a change of place or state:

aller	retourner	partir
arriver	rester	sortir
entrer	apparaître	mourir
naître	tomber	descendre
monter	venir	revenir

   • Victor Hugo **est** né en 1802 et il **est** mort en 1885.

The past participle

▶ The verbs ending in **–er** → **–é**
travaill**é**, étudi**é**, voyag**é**, jou**é**, cuisin**é**…

▶ The verbs ending in **–ir** → **–i**
fin**i**, grand**i**, sort**i**, dorm**i**…

▶ Other verbs:
past participle ending in **–u**: reç**u**, l**u**, ten**u**, cr**u**, d**û**, p**u**, s**u**…
past participle ending in **–is**: pr**is**, m**is**…
past participle ending in **–it**: fa**it**, d**it**, écr**it**…

When a verb forms its past tense with **avoir** the past participle does not change. When the past tense is formed with **être** the past participle must agree in gender and number with the subject.

• J'ai regard**é** la télé.
• Nous avons regard**é** la télé.
• Jean est mont**é** et il s'est couch**é**.
• Martine est mont**ée** et elle s'est couch**ée**.
• Les enfants sont mont**és** et se sont couch**és**.

Adverbs

Some adverbs are placed between the auxiliary verb and the past participle.

AUXILIARY VERB	+	ADVERB	+	PAST PARTICIPLE

Tu as **déjà** goûté ce fromage ?
Nous avons **bien / mal** mangé ce midi.
J'ai **toujours** aimé voyager.
Vous êtes **encore** arrivés en retard !

Le passé composé in the negative form

NE	+	AUXILIARY VERB	+	PAS/JAMAIS…	+	PAST PARTICIPLE

• Je n'ai **jamais** étudié le russe.

EXPRESSIONS DENOTING PAST TIME

En 1984…
À 18 ans…
Depuis le XIXe siècle / juin / 1999…
De 2006 à 2009…
Pendant les vacances…
Dans les années 40…
Hier, avant-hier…
La semaine dernière, le mois dernier…

Il y a 3 ans…   Aujourd'hui…

◢ ABILITY, KNOWLEDGE AND SKILLS

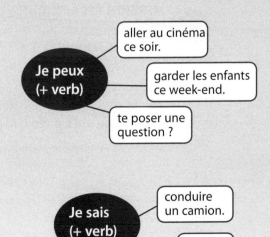

Je peux (+ verb)
— aller au cinéma ce soir.
— garder les enfants ce week-end.
— te poser une question ?

Je sais (+ verb)
— conduire un camion.
— nager.

7. PHIL ET SÉVERINE

Track 42

A. Phil and Séverine want to get to know each other better. Listen to their conversation and write down anything new that you learn about them.

B. In groups of two or three, prepare questions to find out more about your classmates.

Phil

Séverine

- Alors, Daniele, tu as toujours vécu à Rome ?
- Non, je suis né près de Naples et j'ai déménagé à l'âge de 15 ans.

8. CE POSTE M'INTÉRESSE

A. Here are three short job ads. Choose one that interests you and explain to your classmates why this position is made for you.

TOURISME
Agence de voyages recherche un **accompagnateur** parlant plusieurs langues. Le guide doit accompagner des groupes d'étrangers dans différentes régions françaises.
Connaissances de la France souhaitables.
Expérience non obligatoire.

RESTAURATION
Petit restaurant sympa sur la Côte d'Azur recherche nouveau **cuisinier** pour l'été. Vous aimez cuisiner, vous êtes inventif dans votre cuisine et vous voulez passer l'été près de Nice ? Contactez-nous !

MISSION EN AFRIQUE
Vous disposez d'une expérience professionnelle dans le monde de la santé, l'éducation, l'informatique ou les affaires. Vous avez plus de 24 ans, vous avez des connaissances de base en français et vous êtes disponible pour des missions de 9 à 12 mois. Nous recherchons des **coopérants** pour travailler dans différents pays d'Afrique.

- Moi, le poste d'accompagnateur m'intéresse. Je connais un peu la France ; je parle allemand, anglais et j'ai des connaissances en français. Et puis, j'adore voyager...

B. Who's the ideal candidate in your class for each of these positions?

9. LA BANQUE DU TEMPS

A. Do you know what an SEL is? Read these headlines and make suggestions.

Les SEL en France inventent un monde sans argent

SANS €, J'ACHÈTE ET JE VENDS

Le SEL remplace l'euro

B. Read this article and discuss it with your classmates. Do SELs seem like a good idea to you?

SEL EST LE SIGLE DE « SYSTÈME D'ÉCHANGE LOCAL »

Un « SEL » est une association locale de gens qui échangent des services, des savoirs ou des biens, sans utiliser d'argent. On peut ainsi échanger une heure de nettoyage contre une heure de cours de chimie, de jardinage, de baby-sitting, de cours de guitare, de réparation de bicyclette, etc. Un SEL est un groupe d'entraide, une sorte de troc organisé, qui permet d'obtenir un service en en rendant un autre. Pourquoi « SEL » ? Parce que, dans certaines de ces associations, un service est rémunéré par… des grains de sel avec lesquels on pourra payer un autre service.

C. You are going to create a SEL in your class. Each of you will post a small advertisement to promote the service you offer. In order to do this, you must do a skills assessment: think about what you know, and things you are good at. Include details of your experience in your chosen field.

JAN - Cours de guitare

Je propose mes services comme prof de guitare. J'ai fait des études de guitare classique au conservatoire de Varsovie pendant 8 ans et j'ai également suivi des cours de guitare jazz et flamenco.

J'ai déjà donné des cours de guitare à des enfants et aussi à des adultes et je crois que je suis un bon prof : je suis patient, j'aime voir les progrès des élèves et j'ai des connaissances en pédagogie musicale…

Je suis disponible tous les jours à partir de 18 heures.

D. From amongst the services offered by your classmates, which one interests you the most? Contact the person who advertised it and try to agree an exchange.

Explore the activities 2.0 on versionoriginale.difusion.com

LE MONDE DES BÉNÉVOLES

In France today, more than 14 million volunteers belong to associations. Young or old, students or unemployed, working or retired, many of these volunteers put their skills and their time at the disposal of people in difficulty. Here are brief portraits of some of them.

Véronique, 52 ans, mariée, deux enfants scolarisés, sans emploi.

Auparavant, Véronique était professeure de français langue étrangère, mais depuis qu'elle est mère au foyer, elle s'est inscrite comme bénévole dans deux associations.

Trois fois par semaine, elle aide la *Croix-Rouge* dans sa lutte contre l'illettrisme. Elle donne des cours de français aux adultes qui ont des difficultés à lire, écrire, comprendre et parler le français.

Au *Secours populaire*, elle a aidé à organiser le Vitality Tour, qui a pour objectif de favoriser l'accès au sport et aux loisirs de 900 enfants défavorisés, âgés de 8 à 12 ans. Ça leur permet de vivre des moments heureux et de partir en vacances.

Ces deux expériences lui apportent beaucoup de satisfaction et elle y tient beaucoup.

Germain, 62 ans, marié, grand-père deux petites-filles de 8 et 10 ans, dresseur de chevaux

Germain est impliqué depuis très longtemps dans l'aide aux personnes handicapées. Il y a 15 ans, il a réussi à réunir ses deux centres d'intérêt dans une association : l'aide aux handicapés et son amour des chevaux. Avec l'aide des éducateurs, donc il fait monter à cheval des enfants handicapés afin de développer leur autonomie et de leur donner confiance en eux.
Germain est heureux de constater les progrès et le bonheur de ces enfants.

croix-rouge française

ON TOURNE !

ICI ET LÀ-BAS

A. Fill in the following information about Gaspard:

son nom : ....

sa nationalité : ....

le lieu de naissance de sa mère : ....

le lieu de naissance de son père : ....

Max, 35 ans, célibataire, informaticien et ancien joueur de rugby

Max a beaucoup de temps libre, alors il est bénévole au « Rugby club » de son village les mardis et vendredis soirs : il entraîne les enfants de 8 à 10 ans. Il les accompagne aux matchs le week-end et, bien sûr, organise des fêtes quand ils gagnent ! Les lundis et jeudis soirs, il aide les enfants en difficulté à faire leurs devoirs dans une des associations de son village qui s'appelle « Le club 210 ». Chaque progrès est un véritable cadeau pour Max.

Marion
27 ans, étudiante, cycliste, globe-trotter

et bénévole

Et vous, quel bénévole serez-vous ?

Rejoignez les 14 millions de bénévoles en France
Rendez-vous sur www.associations.gouv.fr

5 DÉCEMBRE 2008
JOURNÉE
INTERNATIONALE
DES BÉNÉVOLES

10. J'OFFRE MON TEMPS

A. Note down the names of the organisations named in the text.

....

....

....

....

B. Who does what?

Max

Germain

Véronique

aide les handicapés

aide les illettrés

aide les enfants en difficulté

avec des chevaux

avec du papier et un crayon

avec un ballon ovale

C. In your country, do many people do voluntary work? In which organisations?

....

B. Retrace the different stages of Gaspard's journey.

....

C. What questions would you like to ask Gaspard?

....

D. Do you know people who have lived in your country for a long time, but were born somewhere else? Can you tell their stories?

....

....

....

During this written test, you will have to complete a form or table, and write a postcard or a caption about aspects of everyday life.

25 points

SOME ADVICE FOR THE EXAM

When you fill in a card or a form:
- you can invent an identity for yourself: nobody will be able to check whether you are giving real information or not
- don't forget to use the French name of your town or country if there is one.
- only give the information asked for, to avoid making unnecessary mistakes.
- don't confuse the columns/spaces (e.g., surname/first name).

When you write a postcard:
- don't forget a greeting (**cher(e)(s)** … + comma) and to sign off (**à bientôt, bises, bisous**…).
- you don't have to to tell the truth: nobody will be able to check.
- use resources that you know well.
- read the instructions carefully and give the information asked for.
- keep to the required length.
- Use either **tu** or **vous** but not both.
- don't make it complicated: write short sentences.

When you write captions for photos, drawings, etc.:
- don't give useless details; answer the questions simply: who? what? where? when? which will normally elicit the information given by the picture.
- use short sentences that are simple but clear.

EXERCICE 1

Une revue réalise une enquête sur l'alimentation des jeunes Européens.
Remplissez les deux parties du formulaire suivant.

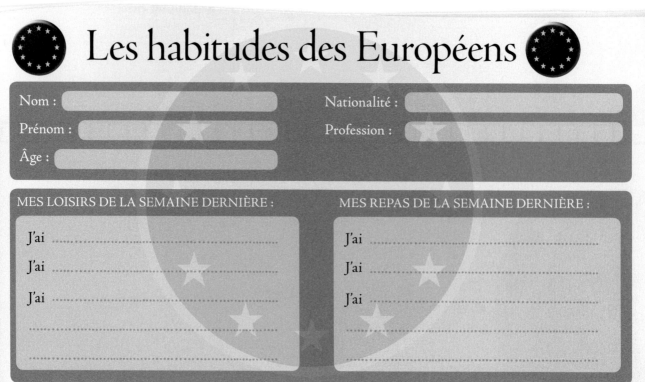

Les habitudes des Européens

Nom :   Nationalité :

Prénom :   Profession :

Âge :

MES LOISIRS DE LA SEMAINE DERNIÈRE :   MES REPAS DE LA SEMAINE DERNIÈRE :

J'ai ....   J'ai ....

J'ai ....   J'ai ....

J'ai ....   J'ai ....

EXERCICE 2

Sur un site Internet de recherche d'emploi, vous posez votre candidature à un poste professionnel supérieur au vôtre ; rédigez un bref curriculum vitae mettant en évidence vos capacités et vos expériences antérieures.

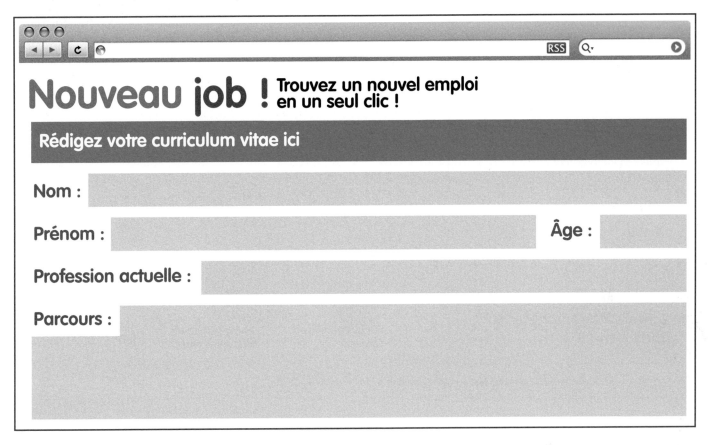

Nouveau job ! Trouvez un nouvel emploi en un seul clic !

Rédigez votre curriculum vitae ici

Nom :

Prénom :   Âge :

Profession actuelle :

Parcours :

EXERCICE 3

Écrivez une carte postale à un(e) ami(e), qui voudrait suivre vos cours de français, dans laquelle vous lui décrivez ce que vous avez fait cette année.

L'Arc de Triomphe, Paris

Journal d'apprentissage

PROGRESS REPORT

1. Skills targeted in units 7 and 8	I am able to...	I find it difficult to...	I am not yet able to...	Examples
ask for and give information about dishes				
order in a restaurant				
express intentions with **aller** + infinitive				
talk about past events				

2. Knowledge targeted in units 7 and 8	I know and use correctly...	I know but have difficulties with...	I don't yet know...
the direct object pronouns: **le / la / les**			
the verb: **aller** + infinitive			
the partitive articles: **du, de l', de la**			
vocabulary for food			
vocabulary for quantities			
vocabulary for measures and containers			
the **passé composé**			
past participles			
negative forms and compound tenses			
expressions denoting the past			
the verbs **pouvoir, savoir** and **connaître**			

BALANCE SHEET

My current ability in French	☼	⛅	☁	☁☁
reading				
listening				
speaking				
writing				
performing tasks				

My current knowledge	☼	⛅	☁	☁☁
of grammar				
of vocabulary				
of pronunciation and spelling				
of geography/lifestyles/culture				

At this stage, my strong points are: ....

....

At this stage, my difficulties are: ....

....

Ideas for practising/improving	in class	outside class (at home, in the street...)
my vocabulary		
my grammar		
my pronunciation and spelling		
my reading practice		
my listening practice		
my oral work		
my written work		

You may like to compare your progress with other members of your class.

Annexes

- ▶ Précis de grammaire
- ▶ Tableaux de conjugaison
- ▶ Transcriptions des enregistrements et du DVD
- ▶ Cartes
- ▶ Index
- ▶ Glossaire

THE PHONETIC ALPHABET

ORAL VOWELS

[a]	Marie [maʀi]
[ɛ]	fait [fɛ] / frère [fʀɛʀ] / même [mɛm]
[e]	étudier [etydje] / les [le] / vous avez [vuzave]
[ə]	le [lə]
[i]	Paris [paʀi]
[y]	rue [ʀy]
[ɔ]	robe [ʀɔb]
[o]	mot [mo] / cadeau [kado] / jaune [ʒon]
[u]	bonjour [bɔ̃ʒuʀ]
[ø]	jeudi [ʒødi]
[œ]	sœur [sœʀ] / peur [pœʀ]

NASAL VOWELS

[ã]	dimanche [dimãʃ] / vent [vã]
[ɛ̃]	intéressant [ɛ̃teʀesã] / impossible [ɛ̃pɔsibl]
[ɔ̃]	mon [mɔ̃]
[œ̃]	lundi [lœ̃di] / un [œ̃]

SEMI-CONSONANTS

[j]	chien [ʃjɛ̃]
[w]	pourquoi [purkwa]
[ɥ]	je suis [ʒəsɥi]

CONSONANTS

[b]	Bruxelles [bʀyksɛl] / abricot [abʀiko]
[p]	père [pɛʀ] / apprendre [apʀãdʀ]
[t]	tableau [tablo] / attendre [atãdʀ]
[d]	samedi [samdi] / addition [adisjɔ̃]
[g]	gâteau [gato] / langue [lãg]
[k]	quel [kɛl] / crayon [kʀejɔ̃] / accrocher [akʀɔʃe] / kilo [kilo]
[f]	fort [fɔʀ] / affiche [afiʃ] / photo [foto]
[v]	ville [vil] / avion [avjɔ̃]
[s]	français [fʀãsɛ] / silence [silãs] / passer [pase] / attention [atãsjɔ̃]
[z]	maison [mezɔ̃] / zéro [zero]
[ʃ]	chat [ʃa]
[ʒ]	jupe [ʒyp] / géographie [ʒeɔgrafi]
[m]	maman [mamã] / grammaire [gramɛʀ]
[n]	bonne [bɔn] / neige [nɛʒ]
[ɲ]	Espagne [ɛspaɲ]
[l]	lune [lyn] / intelligent [ɛ̃teliʒã]
[ʀ]	horrible [ɔʀibl] / mardi [maʀdi]

SOME ADVICE ON CORRECT PRONUNCIATION IN FRENCH

CONSONANTS AT THE END OF A WORD

▲ In general, we do not pronounce consonants at the end of a word.

grand [ɡʀɑ̃]
petit [pəti]
souris [suri]

THE "E" AT THE END OF A WORD

▲ In general, we do not pronounce the "e" at the end of a syllable or the end of a word.

Nous appelons le docteur. [nuzaplõlədɔktœr]
la table [latabl]

▲ The final "e" allows the consonant that precedes it to be pronounced.

grand [ɡʀɑ̃] / grande [ɡʀɑ̃d]

NASAL VOWELS

▲ To pronounce nasal vowels, you have to push the air through your nose, as though you are imitating a person who has a cold.

jardin [ʒaʀdɛ̃]
maison [mezɔ̃]
grand [ɡʀɑ̃]
brun [bʀœ̃]

 in, ain, aim, ein, eim are pronounced [ɛ̃]
an, am, en, em are pronounced [ɑ̃]
on, om are pronounced [ɔ̃]

ACCENTS

▲ In French, there may be two or three accents on one word.

téléphone [telefɔn]
préférée [pʀefeʀe]
élève [elɛv]

THE ACUTE ACCENT (´)

▲ This accent only occurs on "e".
It is pronounced [e].
café [kafe]
musée [myze]
poésie [poezi]

THE GRAVE ACCENT (`)

▲ This accent is found on "e", "a" and "u".

▲ On "a" and "u", it is used to distinguish one word from another:

a (verbe avoir) / **à** (préposition)
*Il **a** un chien. / Il habite **à** Toulouse.*

la (article défini) / **là** (adverbe de lieu)
***la** sœur de Cédric / Mets-le **là**.*

ou (conjonction de coordination) / **où** (pronom relatif et interrogatif)
*Blanc **ou** noir ? / Tu habites **où** ?*

▲ On "e", it indicates that this is an open vowel: [ɛ].
mère [mɛʀ]
mystère [mistɛʀ]

THE CIRCUMFLEX ACCENT (^)

▲ This accent is found on all the vowels except "y".

▲ As with the grave accent, it is sometimes used to avoid confusion between similar-looking words:
sur (preposition) / **sûr** (adjective)
*Le livre est **sur** la table. / Tu es **sûr** qu'il vient ?*

▲ "e" with a circumflex accent is pronounced [ɛ].
fenêtre [fənɛtʀ]
tête [tɛt]
Some frequently used words:
fête, hôtel, hôpital, tâche…

THE DIAERESIS (¨)

▲ A **diaeresis** (¨) over the vowels **e** and **i** indicates that the preceding vowel is pronounced separately:
canoë [kanɔe]
égoïste [egɔist]

THE ARTICLES

INDEFINITE

	SINGULAR	PLURAL
MASCULINE	**un** cahier	**des** cahiers
FEMININE	**une** table	**des** tables

◢ When speaking, we use a **liaison** before a noun that begins with a vowel..

un arbre	une avenue	des arbres
[œnarbr]	[ynavny]	[deszarbr]

DEFINITE

	SINGULAR	PLURAL
MASCULINE	**le** boulevard **l'**arbre	**les** boulevards / arbres
FEMININE	**la** rue **l'**église	**les** rues / églises

◢ Before a noun that begins with a vowel, the singular definite article is always **l'**.

◢ When the prepositions **à** and **de** are used before **le** or **les**, they fuse together.

à + le	▸ **au**	*Tu vas souvent **au** théâtre ?*
à + les	▸ **aux**	*Parle **aux** enfants !*
de + le	▸ **du**	*Je viens **du** Québec.*
de + les	▸ **des**	*Où sont les livres **des** élèves ?*

PARTITIVES

	SINGULAR	
MASCULINE	**du** pain	**de l'**air
FEMININE	**de la** viande	**de l'**eau

*Vous mangez **du** poisson tous les jours ?*

Oui.

*Et **de la** viande rouge ?*

THE NOUN

THE GENDER

All the common nouns have a gender in French.
The gender is shown in the dictionary and, in use, is indicated by the article and any accompanying adjective.

La rue de la Paix est très longue.

> **Rue** SUBST. FÉM.
> Voie de circulation bordée de maisons dans une agglomération.

NUMBER

The **s** is generally used to mark the plural of nouns.

SINGULAR	PLURAL
un cahier	des cahier**s**
un arbre	des arbre**s**
une maison	des maison**s**
une rue	des rue**s**

But there are exceptions: for example, masculine nouns that end in **-eau** and in **-al**.

SINGULAR	PLURAL
un tabl**eau**	des tabl**eaux**
un anim**al**	des anim**aux**

*Ces **tableaux** sont magnifiques !*

Oui, magnifiques…

DESCRIPTIVE ADJECTIVES

▲ Descriptive adjectives always agree in gender and number with the nouns that they qualify. The feminine is generally marked by the addition of an **e** to the masculine form, except when the masculine already ends with an **e**.

un homme intelligent   une femme intelligent**e**
un étudiant suiss**e**   une étudiante suiss**e**

▲ The plural is generally marked by the addition of an **s** to the singular form, except when the singular already ends with an **s** or an **x**.

une femme intelligente   des femmes intelligente**s**
un quartier merveilleu**x**   des quartiers merveilleu**x**
un vin françai**s**   des vins françai**s**

MASCULINE PLURAL	MASCULINE SINGULAR	FEMININE SINGULAR
brun**s**	bru**n**	brun**e**
grand**s**	gran**d**	grand**e**
petit**s**	peti**t**	petit**e**
françai**s**	françai**s**	français**e**
bleu**s**	ble**u**	bleu**e**
fatigué**s**	fatigu**é**	fatigué**e**
sportif**s**	sport**if**	sport**ive**
menteur**s** merveilleu**x**	ment**eur** merveill**eux**	ment**euse** merveill**euse**
italien**s**	itali**en**	itali**enne**
jeune**s** sympathique**s**	jeun**e** sympathiqu**e**	jeun**e** sympathiqu**e**

FEMININE PLURAL		
brun**es**	fatigué**es**	itali**ennes**
grand**es**	sport**ives**	jeune**s**
petit**es**		sympathique**s**
français**es**	ment**euses**	
bleu**es**	merveill**euses**	

NUMBERS FROM 0 TO 2000 AND BEYOND

0	**zéro**	78	**soixante**-dix-huit
1	**un**	79	**soixante**-dix-neuf
2	**deux**	80	**quatre-vingts**
3	**trois**	81	**quatre-vingt**-un
4	**quatre**	82	**quatre-vingt**-deux
5	**cinq**	83	**quatre-vingt**-trois
6	**six**	84	**quatre-vingt**-quatre
7	**sept**	85	**quatre-vingt**-cinq
8	**huit**	86	**quatre-vingt**-six
9	**neuf**	87	**quatre-vingt**-sept
10	**dix**	88	**quatre-vingt**-huit
11	**onze**	89	**quatre-vingt**-neuf
12	**douze**	90	**quatre-vingt**-dix
13	**treize**	91	**quatre-vingt**-onze
14	**quatorze**	92	**quatre-vingt**-douze
15	**quinze**	93	**quatre-vingt**-treize
16	**seize**	94	**quatre-vingt**-quatorze
17	**dix-sept**	95	**quatre-vingt**-quinze
18	**dix-huit**	96	**quatre-vingt**-seize
19	**dix-neuf**	97	**quatre-vingt**-dix-sept
20	**vingt**	98	**quatre-vingt**-dix-huit
21	**vingt et un**	99	**quatre-vingt**-dix-neuf
22	**vingt-deux**	100	**cent**
23	**vingt-trois**	101	**cent** un
24	**vingt-quatre**	110	**cent** dix
25	**vingt-cinq**	200	deux **cents**
26	**vingt-six**	201	deux **cent** un
27	**vingt-sept**		etc.
28	**vingt-huit**		
29	**vingt-neuf**	1 000	**mille**
30	**trente**	1 001	**mille** un
40	**quarante**	2 000	deux **mille**
50	**cinquante**		etc.
60	**soixante**		
70	**soixante**-dix		
71	**soixante** et onze		
72	**soixante**-douze		
73	**soixante**-treize		
74	**soixante**-quatorze		
75	**soixante**-quinze		
76	**soixante**-seize		
77	**soixante**-dix-sept		

In Belgium:
70 : septante
80 : quatre-vingts
90 : nonante

In Switzerland:
70 : septante
80 : huitante
90 : nonante

THE FORMATION OF NUMBERS

◢ The conjunction **et** appears between the tens words and 1 (**un**) or 11 (**onze**).
21: vingt **et** un 31: trente **et** un 41: quarante **et** un 61: soixante **et** onze, etc., except 81: quatre-vingt-un and 91: quatre-vingt-onze.

◢ A hyphen (**-**) is required between the tens and the ones words (other than 1 and 11).
22: vingt**-**deux 29: vingt**-**neuf 70: soixante**-**dix, etc.

◢ The tens words **70** and **90**, **soixante-dix** and **quatre-vingt-dix**, are formed using the previous tens word and adding 11, 12, 13 etc.

◢ 80 takes an **s** at the end when it is not followed by another word.
80: quatre-vingt**s** but 83: quatre-vingt-trois.

INDEFINITE ADJECTIVES

aucune bouteille / pas de bouteille

quelques bouteilles / peu de bouteilles

plusieurs bouteilles

beaucoup bouteilles

INTERROGATIVE ADJECTIVES

An interrogative adjective accompanies a noun with which it agrees and is used to ask someone to distinguish one or more things or individuals from amongst others.

SINGULAR		PLURAL	
MASCULINE	FEMININE	MASCULINE	FEMININE
Quel sac ?	**Quelle** robe ?	**Quels** sacs ?	**Quelles** robes ?

● *Quel sac tu préfères ? (= il y a plusieurs sacs)*
○ *Le plus petit.*
● *Et quelle montre ?*

● *Quels musées de Paris tu préfères ? (= il y a plusieurs musées à Paris et on demande d'en choisir quelques uns)*

POSSESSIVE ADJECTIVES

A single possessor

	MASCULINE SINGULAR	FEMININE SINGULAR	PLURAL
1ST PERSON	**mon** père	**ma** mère	**mes** parents
2ND PERSON	**ton** père	**ta** mère	**tes** parents
3RD PERSON	**son** père	**sa** mère	**ses** parents

Ses parents sont en voyage.
Mon père travaille dans une banque.

Several possessors

	MASCULINE OR FEMININE SINGULAR	PLURAL
1ST PERSON	**notre** père / mère	**nos** parents
2ND PERSON	**votre** père / mère	**vos** parents
3RD PERSON	**leur** père / mère	**leurs** parents

Nos parents viennent déjeuner demain.
Mon frère s'appelle Léo.
Mon père travaille dans une banque.

Ma mère est dentiste et mon père est policier.

Qu'est-ce qu'ils font tes parents comme métier ?

JEAN-PIERRE

1270 POINTS

DEMONSTRATIVE ADJECTIVES

	SINGULAR		PLURAL
MASCULINE	**FEMININE**	**MASCULINE**	**FEMININE**
ce sac	**cette** robe	**ces** sacs	
cet anorak		**ces** robes	

- *Il te plaît, **cet a**norak ?*
- *Oui, il n'est pas mal. **Ce** manteau est chouette aussi.*

PERSONAL PRONOUNS

	UNSTRESSED			DISJUNCTIVE
SUBJECTS	**REFLEXIVE PRONOUNS**	**DIRECT OBJECT PRONOUNS**		
je / j'	**me / m'**	**me / m'**		**moi**
tu	**te / t'**	**te / t'**		**toi**
il / elle	**se / s'**	**le / la / l'**		**lui / elle**
nous	**nous**	**nous**		**nous**
vous	**vous**	**vous**		**vous**
ils / elles	**se / s'**	**les**		**eux / elles**

⬛ In French, subject pronouns are obligatory before the verb.

⬛ **je, te, se, le / la** become **j', t', s', l'** before a verbal form that begins with a vowel.
> *j'adore*
> *il **t'**aide*
> *elle **s'**appelle*
> *je **l'**aime*

⬛ The disjunctive forms of pronouns are used after a preposition.
> *avec **moi***
> *après **lui***
> *devant **eux***

⬛ When we want to emphasise a subject pronoun or in dislocated positions, we use a disjunctive form before the subject pronoun.
> ***Moi**, je n'aime pas trop ce professeur, et **toi** ?*
> *Tu parles très bien l'anglais, mais **moi**, je parle très bien le russe.*

THE VERB

Verb forms normally include a stable stem and an ending indicating the person and tense. The stem is obtained by removing the endings **-er, -ir, -oir, -re** from the infinitive.

AIMER : AIM ➔ stem   ER ➔ ending
aim**er**   fin**ir**   recev**oir**   prend**re**

THE PRESENT TENSE
◢ **VERBS ENDING IN** -ER

The verbs ending in **-er** usually have a stable stem and the following endings.

AIMER [ɛm]	TRAVAILLER [tʀavaj]
j'aim**e** [ɛm]	je travaill**e** [tʀavaj]
tu aim**es** [ɛm]	tu travaill**es** [tʀavaj]
il / elle / on aim**e** [ɛm]	il / elle / on travaill**e** [tʀavaj]
nous aim**ons** [ɛmɔ̃]	nous travaill**ons** [tʀavajɔ̃]
vous aim**ez** [ɛme]	vous travaill**ez** [tʀavaje]
ils / elles aim**ent** [ɛm]	ils / elles travaill**ent** [tʀavaj]

In the present tense, these verbs have just one phonetic base which is repeated in all persons. Thus four of the six forms of these verbs (all those except the forms of **nous** and **vous**) are pronounced the same.

▲ VERBS WITH SEVERAL BASES

Verbs are conjugated with 1, 2 or 3 phonetic bases.

base 1
base 2
base 3

Verbs ending in **-é/er** and **e/er** modify the accent of the stem in the persons **je, tu, il / elle / on** and **ils / elles**; they therefore have two bases.

PRÉFÉRER [pʀefɛʀ] / [pʀefeʀ]	ACHETER [aʃɛt] / [aʃət]
je **préfère** [pʀefɛʀ]	j'**achète** [aʃɛt]
tu **préfères** [pʀefɛʀ]	tu **achètes** [aʃɛt]
il / elle / on **préfère** [pʀefɛʀ]	il / elle / on **achète** [aʃɛt]
nous **préférons** [pʀefeʀɔ̃]	nous **achetons** [aʃətɔ̃]
vous **préférez** [pʀefeʀe]	vous **achetez** [aʃəte]
ils / elles **préfèrent** [pʀefɛʀ]	ils / elles **achètent** [aʃɛt]

▲ VERBS ENDING IN -IR

Verbs ending in **-ir** generally have two phonetic bases.

FINIR [fini] / [finis]	PARTIR [paʀ] / [paʀt]
je **finis** [fini]	je **pars** [paʀ]
tu **finis** [fini]	tu **pars** [paʀ]
il / elle / on **finit** [fini]	il / elle / on **part** [paʀ]
nous **finissons** [finisɔ̃]	nous **partons** [paʀtɔ̃]
vous **finissez** [finise]	vous **partez** [paʀte]
ils / elles **finissent** [finis]	ils / elles **partent** [paʀt]

▲ VERBS ENDING IN -RE

Verbs ending in **-re** generally have three phonetic bases.

PRENDRE
[pʀɛ̃] / [pʀəne] / [pʀɛn]

je **prends** [pʀɑ̃]

tu **prends** [pʀɑ̃]

il / elle / on **prend** [pʀɑ̃]

nous **prenons** [pʀənɔ̃]

vous **prenez** [pʀəne]

ils / elles **prennent** [pʀɛn]

BOIRE
[bwa] / [byv] / [bwav]

je **bois** [bwa]

tu **bois** [bwa]

il / elle / on **boit** [bwa]

nous **buvons** [byvɔ̃]

vous **buvez** [byve]

ils / elles **boivent** [bwav]

▲ VERBS ENDING IN -OIR

Verbs ending in **-oir** generally have three phonetic bases.

DEVOIR
[dwa] / [dəv] / [dwav]

je **dois** [dwa]

tu **dois** [dwa]

il / elle / on **doit** [dwa]

nous **devons** [dəvɔ̃]

vous **devez** [dəve]

ils / elles **doivent** [dwav]

LE PASSÉ COMPOSÉ

This tense is formed by the present tense of the verbs **avoir** or **être** + the past participle of the verb.

ÉTUDIER		PARTIR	
j'**ai**		je **suis**	
tu **as**		tu **es**	parti(e)
il / elle / on **a**	étudié	il / elle / on **est**	
nous **avons**		nous **sommes**	
vous **avez**		vous **êtes**	parti(e)(s)
ils / elles **ont**		ils / elles **sont**	

SE LEVER

je **me suis**	
tu **t'es**	levé(e)
il / elle / on **s'est**	
nous **nous sommes**	
vous **vous êtes**	levé(e)(s)
ils / elles **se sont**	

The majority of verbs form their **passé composé** with the auxiliary verb **avoir**; only the reflexive verbs, and these 15 verbs indicating a change of place or state, form their **passé composé** with **être**.

aller	venir	rester	arriver	partir
apparaître	entrer	sortir	naître	monter
descendre	mourir	tomber	retourner	revenir

*Vous **avez** déjà **été** à Paris ?*

Non, c'est ma première fois.

THE PAST PARTICIPLE

Verbs ending in **-er**: **→ - é**	étudi**é**, aim**é**, dans**é**, préfér**é**, lav**é**, prépar**é**, déjeun**é**, cuisin**é**…
Verbs ending in **-ir**: **→ -i**	fin**i**, ment**i**, sort**i**, dorm**i**
Others: **-u**	reç**u**, l**u**, ten**u**, cr**u**, d**û**, p**u**, s**u**, ten**u**, v**u**, voul**u**…
-is	pr**is**, m**is**...
-it etc.	fa**it**, d**it**, écr**it**...

AGREEMENT OF THE PAST PARTICIPLE

The general rule is that past participles accompanied by the auxiliary **avoir** remain invariable; past participles accompanied by the auxiliary **être** agree in gender and number with the subject.

- *Marie a regardé la télé, mais Martine et Madeleine ont lu un peu et ont joué.*

- *Martine est montée au deuxième étage à 19h00, Martine et Madeleine sont restées en bas, puis, toutes les trois se sont couchées à 20h00.*

LE FUTUR PROCHE
ALLER + INFINITIVE

The verb form **aller** + infinitive is used to express intentions and future actions.

je **vais**		
tu **vas**		
il / elle / on **va**	**+**	être
nous **allons**		faire
vous **allez**		passer
ils / elles **vont**		...

- *Qu'est-ce que tu **vas faire** cet été ?*
- *Je **vais rester** en ville, je n'ai pas de vacances.*

NEGATIVE FORMS

In French, the negation of verbs is expressed by two particles.

ne... pas   **ne... jamais**   **ne... rien**   **ne... plus**

In the simple tenses these two words are placed on each side of the verb.

Je **ne** mange **pas** de légumes.
Tu **ne** viens **jamais** avec nous à la plage.
Il **ne** voyage **plus** en avion, il a peur.

In the compound tenses these two words are placed on each side of the auxiliary verb.

Aujourd'hui, je **n'**ai **pas** mangé de légumes.
Tu **n'**es **jamais** venu avec nous à la plage.
Après ses 70 ans, il **n'a** **plus** voyagé en Europe.

PREPOSITIONS OF PLACE

PREPOSITIONS

dans le carton

à côté du carton

sur le carton

sous le carton

près du carton

loin du carton

à gauche du carton

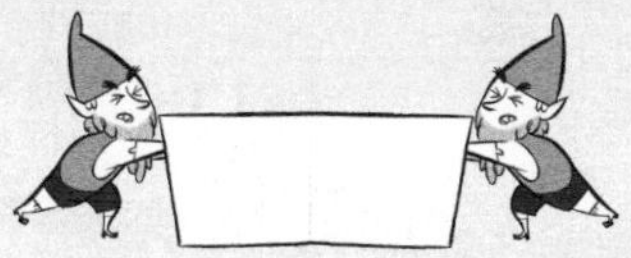

à droite du carton

ADVERBS

OF FREQUENCY

jamais
Je ne vais **jamais** au théâtre.
parfois
Je vais **parfois** au cinéma.
de temps en temps
Je vais **de temps en temps** à la salle de sport.
souvent
Je vais **souvent** courir.
toujours
Je vais **toujours** manger dans ce restaurant.

OF DEGREE

trop
Marcel est **trop** timide.
très
Il est **très** gentil.
assez
Ce gâteau est **assez** cuit.
plutôt
Je le trouve **plutôt** froid.
un peu
Ce potage est **un peu** fade.
peu
Il regarde **peu** la télévision.

OF QUANTITY

trop (de)
Ce matin, il a mangé **trop de** sucreries.
beaucoup (de)
Elle a mangé **beaucoup de** chocolat.
assez (de)
Il y a **assez de** sel dans cette soupe.
un peu (de)
Nous avons aussi **un peu de** fromage.
peu (de)
Cet enfant mange **peu** de viande.
rien
Ce matin, il n'a **rien** mangé.

THE QUESTION SENTENCE

CLOSED QUESTIONS

To ask a 'closed' question, to which the answer is typically "yes" or "no" or another short word we can:

◢ just use rising intonation; this is the most common informal usage (conversational speech and informal written language e.g. emails, comic strips, etc.).

Tu parles français ?

◢ use **est-ce que**, with rising intonation.

Est-ce que *tu parles français ?*

◢ use verb-subject inversion with rising intonation; this is the most common formal usage in both writing and speech.

*Parlez-****vous*** *français ?*

OPEN QUESTIONS

To ask an open question, to which the answer is information about time, place, cause, etc., we can:

◢ use a simple interrogative word.
pourquoi
quand
où
etc.

Interrogative words are placed at the beginning or the end of a sentence with rising intonation. This is the most common informal usage.

Où *tu vas ?*
Où *vas-tu ?*
Tu vas ***où*** *?*

◢ use a question word with **est-ce que**:

Où est-ce que *tu vas ?*
Quand est-ce que *tu arrives ?*
Pourquoi est-ce qu'il *ne vient pas ?*

◢ use a question word and verb-subject inversion. This is the most common usage in formal speech and writing.

Où *vas-****tu*** *?*
Quand *arrives-****tu*** *?*
Pourquoi *ne viens-****tu*** *pas ?*

◢ Interrogative words may be:
qui: asking about the agent of the action.
Qui *a volé l'orange ?*

que: asking about the object of the action.
Que *veux-tu faire ?*

comment: asking about the manner.
Comment *as-tu voyagé ?*

quand: asking about the time of the action.
Quand *es-tu parti ?*

pourquoi: asking about the cause of the action
Pourquoi *es-tu parti ?*

combien: asking about the quantity, the price.
Combien *ça coûte ?*

où: asking about the place.
Où *allez-vous en vacances ?*

Je suis musicien.

Que *faites-vous dans la vie ?*

THE GRAMMAR OF COMMUNICATION

ASKING FOR AND GIVING INFORMATION

	To ask for:	To give:
Name	**Comment vous appelez-vous ?**	**(Je m'appelle)** Laura Agni.
Nationality	**Quelle est votre nationalité ?**	Italienne.
Profession	**Quelle est votre profession ?** **Que faites-vous dans la vie ?**	**(Je suis)** étudiante. **Je travaille dans** la mode.
Address	**Quelle est votre adresse ?**	**(Mon adresse est)** 9 rue de la Fontaine.
Telephone number	**Quel est votre numéro de téléphone ?**	**(Mon numéro de téléphone est le)**…
Email address	**Quelle est votre adresse électronique ?**	**(Mon adresse électronique est)** agni@ version.vo.
Age	**Quel âge avez-vous ?**	**(J'ai)** 18 ans.

TALKING ABOUT CHARACTER AND FIRST IMPRESSIONS

Être + adjective

● *Elle **est sympa**, ta prof de français ?*
○ *Oui, elle **est très sympa**, mais **très sérieuse**, aussi.*

Avoir l'air + adjective

● *Il **a l'air intelligent**, ton nouveau camarade de classe…*
○ *Oui, il **est très intelligent**.*

TALKING ABOUT LIKES AND DISLIKES

J'**adore** le jardinage.
J'**aime beaucoup** la musique française.
J'**aime bien** le bricolage.
Je **n'aime pas trop** le cinéma européen.
Je **n'aime pas** la cuisine moderne.
Je **n'aime pas** du tout le foot.
Je **déteste** les grandes villes.

● *Toi, **tu aimes** le rugby, Manu ?*
○ *Oui, **j'adore**. Et toi ?*
● ***Pas trop**…*

ASKING ABOUT DISTANCE AND LOCATION

● Le parc **est loin d'ici ?**
○ Il **est à** 20 **minutes** (**d'ici**) (**en métro, en bus, en train, en voiture, à pied**).
  200 **mètres, kilomètres…** (**d'ici**).

● **C'est loin d'ici ?**
○ Non, non, **c'est** (tout, assez) **près.**

● **Il est où,** mon portable ?
○ **Ici / là ; là-bas.**

● **Où se trouve** l'école ?
○ **Dans** la rue du Temple / **dans** l'avenue de la Paix, **sur** le boulevard de la Mer / **sur** la place Castellane, **au coin de** la rue Gambetta.

Tu es où ? Je ne te vois pas.

Je suis là !

FINDING OUT THE TIME, THE TIME OF DAY, FREQUENCY

Quelle heure est-il ? *Excusez-moi,* **avez-vous l'heure ?**	**Il est** *cinq heures trente.*
À quelle heure commence le cours ?	*À huit heures et quart.*
Quel *jour (de la semaine)* **sommes-nous ?**	*Mercredi.*
Le combien sommes-nous ?	**Le** *15 octobre.*
Quand *arrives-tu ?*	*Le 3 novembre, à deux heures.*
	J'arrive mardi, **vers** *une heure.*
Combien de fois par *jour / semaine / mois / an…*	*Une, deux, …* **fois par** *jour / semaine / mois / an.*
	Tous les *jeudis / soirs / …*
	Le *jeudi, le soir…*
	Jamais / parfois / de temps en temps / souvent / toujours

TELLING THE TIME

deux heures dix
quatorze heures dix

deux heures vingt-cinq
quatorze heures vingt-cinq

deux heures quarante
quatorze heures quarante
ou trois heures moins vingt

deux heures cinquante
quatorze heures cinquante
ou trois heures moins dix

deux heures **et quart**
deux heures quinze ou
quatorze heures quinze

deux heures **et demie**
deux heures trente ou
quatorze heures trente

deux heures **moins le quart**
une heure quarante-cinq ou
treize heures quarante-cinq

douze heures,
midi, minuit

DETERMINING TIME

The day
le matin
le midi
l'après-midi
le soir
la nuit

Le matin je me lève à 7h.
Le samedi **soir***, je sors avec mes amis.*

The week
lundi
mardi
mercredi
jeudi
vendredi
samedi
dimanche | le week-end

Le samedi, je me couche assez tard.

The months of the year

janvier	juillet
février	août
mars	septembre
avril	octobre
mai	novembre
juin	décembre

Je pars en vacances **en juillet***.*
J'ai visité les États-Unis **en décembre** *2006.*

The seasons
le printemps
l'été
l'automne
l'hiver

Au printemps, *il fait beau.*
En été, *il fait chaud.*
En automne, *il pleut.*
En hiver, *il fait froid.*

AGREEING AND DISAGREEING

Affirmative sentence *J'aime ça.*	Agree	**Moi aussi.**
	Disagree	**Pas moi.**
Negative sentence *Je n'aime pas ça.*	Agree	**Moi non plus.**
	Disagree	**Moi si.**

DENOTING PAST TIME

En 1984, ...

À 18 ans, ...

Depuis le XIXe siècle / juin / 1999, ...

De 2006 à 2009, ..

Pendant les vacances, ...

Dans les années 40, ...

Hier, avant-hier, ...

La semaine dernière, le mois dernier, ...

Il y a 3 ans — Aujourd'hui,...

Je me suis couché trop tard hier soir...

SHOPPING

	The salesperson	The client
Welcoming	**Bonjour. Vous désirez ? Et pour vous ?**	**Bonjour.**
Asking for a product		**Je cherche… Je voudrais… Vous avez… ?**
Finding out about a product	**Nous avons… Voici…**	
Asking for a price		**C'est combien ? Combien coûte… ?**
Asking for information about a product	**En quelle taille ? En quelle pointure ?**	

TO IDENTIFY AND QUALIFY

To identify:

C'est	+ proper noun	**C'est** *Laura.*
	+ determinant and noun	**C'est** *un acteur.* **C'est** *le professeur.*

To qualify:

Il / elle est	+ adjective	**Il / elle est** *belge.*
	+ noun (without determinant)	**Il / elle** *est professeur(e).*

Tableaux de conjugaison

The past participles appear in brackets under the infinitive.
An asterisk * next to the infinitive indicates that the verb is conjugated with the auxiliary verb **ÊTRE**.

AUXILIARY VERBS

	présent	passé composé	
AVOIR (eu)	j'ai tu as il / elle / on a nous avons vous avez ils / elles ont	j'ai eu tu as eu il / elle / on a eu nous avons eu vous avez eu ils / elles ont eu	• **Avoir** indicate possession. It is also the main auxiliary verb used in compound tenses: **j'ai parlé, j'ai été, j'ai fait...**
ÊTRE (été)	je suis tu es il / elle / on est nous sommes vous êtes ils / elles sont	j'ai été tu as été il / elle / on a été nous avons été vous avez été ils / elles ont été	• **Être** is also the auxiliary verb in compound tenses for all reflexive verbs: **se lever, se taire,** etc. and for certain other verbs: **venir, arriver, partir,** etc.

OTHER VERBS WITH AUXILIARY USES

	présent	passé composé	
ALLER* (allé)	je vais tu vas il / elle / on va nous allons vous allez ils / elles vont	je suis allé(e) tu es allé(e) il / elle / on est allé(e) nous sommes allé(e)s vous êtes allé(e)(s) ils / elles sont allé(e)s	• Used as an auxiliary verb, **aller** + infinitive expresses events or intentions in the near future.
VENIR* (venu)	je viens tu viens il / elle / on vient nous venons vous venez ils / elles viennent	je suis venu(e) tu es venu(e) il / elle / on est venu(e) nous sommes venu(e)s vous êtes venu(e)(s) ils / elles sont venu(e)s	• Used as an auxiliary verb, **venir de** + infinitive expresses events in the recent past.

PRONOMINAL (OR REFLEXIVE) VERBS

	présent	passé composé	
S'APPELER* (appelé)	je m'appelle tu t'appelles il / elle / on s'appelle nous nous appelons vous vous appelez ils / elles s'appellent	je me suis appelé(e) tu t'es appelé(e) il / elle / on s'est appelé(e) nous nous sommes appelé(e)s vous vous êtes appelé(e)(s) ils / elles se sont appelé(e)s	• The majority of verbs ending in **-eler** double their **l** in the same persons and in the same tenses as the verb **s'appeler**.
SE LEVER* (levé)	je me lève tu te lèves il / elle / on se lève nous nous levons vous vous levez ils / elles se lèvent	je me suis levé(e) tu t'es levé(e) il / elle / on s'est levé(e) nous nous sommes levé(e)s vous vous êtes levé(e)(s) ils / elles se sont levé(e)s	
SE COUCHER* (couché)	je me couche tu te couches il / elle / on se couche nous nous couchons vous vous couchez ils / elles se couchent	je me suis couché(e) tu t'es couché(e) il / elle / on s'est couché(e) nous nous sommes couché(e)s vous vous êtes couché(e)(s) ils / elles se sont couché(e)s	

IMPERSONAL VERBS

These verbs are only conjugated in the third person singular with the subject pronoun **il**.

	présent	passé composé	
FALLOIR (fallu)	il faut	il a fallu	
PLEUVOIR (plu)	il pleut	il a plu	• The majority of verbs that refer to weather conditions are impersonal: **il neige, il vente...**

VERBS ENDING IN -ER (FIRST GROUP)

	présent	passé composé	
PARLER (parlé)	je parle tu parles il / elle / on parle nous parlons vous parlez ils / elles parlent	j'ai parlé tu as parlé il / elle / on a parlé nous avons parlé vous avez parlé ils / elles ont parlé	• The three persons of the singular and the 3rd person plural are pronounced [parl] in the present tense of the indicative. This rule is applied to all verbs ending in **-er**. **Aller** is the only verb ending in **-er** that does not follow this model.

PARTICULAR FORMS OF CERTAIN VERBS ENDING IN –ER

	présent	passé composé	
ACHETER **(acheté)**	j'achète tu achètes il / elle / on achète nous achetons vous achetez ils / elles achètent	j'ai acheté tu as acheté il / elle / on a acheté nous avons acheté vous avez acheté ils / elles ont acheté	• The three persons of the singular and the 3rd person plural have a grave accent on the **è** and are pronounced [ɛ]. The 1st and the 2nd person plural do not have an accent and are pronounced [ø].
APPELER **(appelé)**	j'appelle tu appelles il / elle / on appelle nous appelons vous appelez ils / elles appellent	j'ai appelé tu as appelé il / elle / on a appelé nous avons appelé vous avez appelé ils / elles ont appelé	• The majority of verbs ending in -**eler** double their **l** in the same persons and in the same tenses as the verb **appeler**.
COMMENCER **(commencé)**	je commence tu commences il / elle / on commence nous commençons vous commencez ils / elles commencent	j'ai commencé tu as commencé il / elle / on a commencé nous avons commencé vous avez commencé ils / elles ont commencé	• The **c** of all the verbs ending in -**cer** become **ç** before **a** and **o** to maintain the pronunciation [**s**].
MANGER **(mangé)**	je mange tu manges il / elle / on mange nous mangeons vous mangez ils / elles mangent	j'ai mangé tu as mangé il / elle / on a mangé nous avons mangé vous avez mangé ils / elles ont mangé	• all verbs ending in -**ger** add an **e** before **a** and **o**, to maintain the pronunciation [ʒ].
PRÉFÉRER **(préféré)**	je préfère tu préfères il / elle / on préfère nous préférons vous préférez ils / elles préfèrent	j'ai préféré tu as préféré il / elle / on a préféré nous avons préféré vous avez préféré ils / elles ont préféré	• In the three persons of the singular and the 3rd person plural of the present tense, the accent on the second **e** changes from acute to grave, and is pronounced [ɛ].

OTHER VERBS

These verbs are grouped into conjugation families according to their phonetic bases and not according to their groups (second and third).

2 bases

	présent	passé composé	
CROIRE (cru)	je crois	j'ai cru	
	tu crois	tu as cru	
	il / elle / on croit	il / elle / on a cru	
	nous croyons	nous avons cru	
	vous croyez	vous avez cru	
	ils / elles croient	ils / elles ont cru	
VOIR (vu)	je vois	j'ai vu	
	tu vois	tu as vu	
	il / elle / on voit	il / elle / on a vu	
	nous voyons	nous avons vu	
	vous voyez	vous avez vu	
	ils / elles voient	ils / elles ont vu	
CHOISIR (choisi)	je choisis	j'ai choisi	• The verbs **finir, grandir, maigrir**... are conjugated according to this model. In the traditional approach, they are called 2nd group verbs.
	tu choisis	tu as choisi	
	il / elle / on choisit	il / elle / on a choisi	
	nous choisissons	nous avons choisi	
	vous choisissez	vous avez choisi	
	ils / elles choisissent	ils / elles ont choisi	
CONNAÎTRE (connu)	je connais	j'ai connu	• All verbs ending in **-aître** are conjugated according to this model.
	tu connais	tu as connu	
	il / elle / on connaît	il / elle / on a connu	
	nous connaissons	nous avons connu	
	vous connaissez	vous avez connu	
	ils / elles connaissent	ils / elles ont connu	
DIRE (dit)	je dis	j'ai dit	
	tu dis	tu as dit	
	il / elle / on dit	il / elle / on a dit	
	nous disons	nous avons dit	
	vous dites	vous avez dit	
	ils / elles disent	ils / elles ont dit	

	présent	**passé composé**	
ÉCRIRE (écrit)	j'écris tu écris il / elle / on écrit nous écrivons vous écrivez ils / elles écrivent	j'ai écrit tu as écrit il / elle / on a écrit nous avons écrit vous avez écrit ils / elles ont écrit	
FAIRE (fait)	je fais tu fais il / elle / on fait nous faisons vous faites ils / elles font	j'ai fait tu as fait il / elle / on a fait nous avons fait vous avez fait ils / elles ont fait	• The form **-ai** in **nous faisons** is pronounced [ɛ].
LIRE (lu)	je lis tu lis il / elle / on lit nous lisons vous lisez ils / elles lisent	j'ai lu tu as lu il / elle / on a lu nous avons lu vous avez lu ils / elles ont lu	
PARTIR* (parti)	je pars tu pars il / elle / on part nous partons vous partez ils / elles partent	je suis parti(e) tu es parti(e) il / elle / on est parti(e) nous sommes parti(e)s vous êtes parti(e)(s) ils / elles sont parti(e)	• The verb **sortir** with the auxiliary **être** (='to go out') is conjugated like **partir**. But **sortir** + direct object (='to take out') uses the auxiliary **avoir**: **J'ai sorti mon livre de mon sac à dos.**
SAVOIR (su)	je sais tu sais il / elle / on sait nous savons vous savez ils / elles savent	j'ai su tu as su il / elle / on a su nous avons su vous avez su ils / elles ont su	
VIVRE (vécu)	je vis tu vis il / elle / on vit nous vivons vous vivez ils / elles vivent	j'ai vécu tu as vécu il / elle / on a vécu nous avons vécu vous avez vécu ils / elles ont vécu	

3 bases

	présent	passé composé	
BOIRE **(bu)**	je bois	j'ai bu	
	tu bois	tu as bu	
	il / elle / on boit	il / elle / on a bu	
	nous buvons	nous avons bu	
	vous buvez	vous avez bu	
	ils / elles boivent	ils / elles ont bu	
DEVOIR **(dû)**	je dois	j'ai dû	
	tu dois	tu as dû	
	il / elle / on doit	il / elle / on a dû	
	nous devons	nous avons dû	
	vous devez	vous avez dû	
	ils / elles doivent	ils / elles ont dû	
POUVOIR **(pu)**	je peux	j'ai pu	• In questions with verb-subject inversion, the old form of the 1st person singular is used: **Puis-je vous renseigner ?**
	tu peux	tu as pu	
	il / elle / on peut	il / elle / on a pu	
	nous pouvons	nous avons pu	
	vous pouvez	vous avez pu	
	ils / elles peuvent	ils / elles ont pu	
PRENDRE **(pris)**	je prends	j'ai pris	
	tu prends	tu as pris	
	il / elle / on prend	il / elle / on a pris	
	nous prenons	nous avons pris	
	vous prenez	vous avez pris	
	ils / elles prennent	ils / elles ont pris	
VOULOIR **(voulu)**	je veux	j'ai voulu	
	tu veux	tu as voulu	
	il / elle / on veut	il / elle / on a voulu	
	nous voulons	nous avons voulu	
	vous voulez	vous avez voulu	
	ils / elles veulent	ils / elles ont voulu	
VIVRE **(vécu)**	je vis	j'ai vécu	
	tu vis	tu as vécu	
	il / elle / on vit	il / elle / on a vécu	
	nous vivons	nous avons vécu	
	vous vivez	vous avez vécu	
	ils / elles vivent	ils / elles ont vécu	

TRANSCRIPTIONS DES ENREGISTREMENTS

UNITÉ 1

Track 1 – 4A
- Ah bonjour !
- Bonjour.
- Vous êtes, vous êtes Philippe, non ?
- Oui, Philippe, Philippe Bonnino.
- Ah oui, d'accord. Et ben moi, c'est Monique, Monique Sentier.
- Ah ! Monique Santier ? Santier avec un A, c'est ça ?
- Non, non, non, non, non, avec un E : S-E-N-T-I-E-R.
- Bonjour !
- Bonjour !
- Bonjour.
- Moi, c'est Séverine.
- Ah ! Séverine, quel joli prénom !
- Merci. Et vous ?
- Ben, moi c'est Monique.
- Et moi, c'est Philippe, Philippe Bonnino.
- Bonnino ! Ça s'écrit comment ça ?
- Bien Bonnino ! B-O-N-N-I-N-O.
- Alors moi, c'est Séverine Roussaud, R-O-U-S-S-A-U-D.
- Ah bon ! A-U-D.
- A-U-D. En effet. Et voilà mon copain, Stéphane.
- Enchantée.
- Bonjour !
- Salut ! Moi, c'est Stéphane, Stéphane Lenoir.
- Lenoir en un mot, hein ! L-E-N-O-I-R.
- Ah d'accord !
- D'accord.
- Enchantée Stéphane.
- Enchanté.

Track 2 – 5A
Un, deux, trois, quatre, cinq, six, sept, huit, neuf, dix, onze, douze, treize, quatorze, quinze, seize, dix-sept, dix-huit, dix-neuf, vingt.

Track 3 – 5B
– Bonsoir, pouvez-vous me donner la clé de la chambre de Monsieur Pages, la chambre 12 s'il vous plaît.
– Bonjour ! Je suis Monsieur Boulet et j'occupe la chambre 3. Vous me donnez ma clé ?
– Bonjour, je suis Monsieur Legrand. La clé de la chambre 6, je vous prie.
– Bonsoir ! Vous me donnez la clé de la 10, s'il vous plaît : je suis Mademoiselle Filbas.
– Bonsoir, la clé des Dumas, s'il vous plaît, la 9.
– Bonjour ! Vous allez bien ? Je suis à la chambre 2 : Madame Lopez. Je peux avoir ma clé, s'il vous plaît ?
– Bonsoir, je crois que j'ai la chambre 7... Madame Roland ; oui, c'est ça, la 7.
– Bonsoir, la clé numéro 4 c'est pour moi... Je crois !

Track 4 – 8A
classe – page – table
douze – vous – bonjour
tableau – château – eau
croissant – trois – bonsoir
s'il vous plaît – français

Track 5 – 12
1. une classe
2. un parc
3. un tramway
4. une revue
5. une gare

UNITÉ 2

Track 6 – 4B
Réceptionniste :
- Alors, tu as la liste du nouveau groupe ?
Guide :
- Oui, oui... alors... attends, dans l'ordre alphabétique : Blanc, Vincent ; il travaille dans l'informatique.
Puis Durand, Philippe ; il est dans les affaires.
Garnier, Loïc ; il est étudiant en archéologie.
Puis Magne, Régis ; il est dans l'enseignement.
Royer Laurent ; il travaille dans la construction.
Saugnier, Léo ; il est dans l'audiovisuel.
Et enfin Solers, Cathy ; elle travaille dans la mode.

Track 7 – 5A
Claude, c'est une actrice suisse.
Michel est un acteur français.
Frédérique est une jeune étudiante en informatique.
Danièle, c'est une Québécoise de ma classe.
Dominique est professeur de français.
Pascale est guide touristique.

Track 8 – 6A
Vingt-neuf, trente et un, trente-six, quarante-cinq, cinquante et un, cinquante-huit, soixante-cinq, soixante-dix, soixante-quatorze, quatre-vingt-un, quatre-vingt-trois, quatre-vingt-dix, quatre-vingt-quatorze.

Track 9 – 6C
1.
Alors, le numéro de Maman... C'est le 06 84 63 72 47... Voilà !

2.
- Jacques ! Le numéro du Samu ?
- C'est le 15.
- Et le numéro des pompiers ?
- Le 18.

3.
- Bon... alors... le livre de Jérôme, il coûte combien ?
- Euh... 45... 50 euros... ? Non ! 64 euros !!!

- Eh ben, dis donc !!!

4.
- Sophie ! Quel est ton numéro de compte bancaire ?
○ Euh ! Alors… C'est le 0934 9883 7830 4753 6632.
- Attends, attends, je note : euh… 0934 9883 7830 4753 et… ?
○ 6632.
- Ok merci, c'est noté !

5.
Alors le mail de Léa… euh… ha oui :
Lea13@version.vo

Track 10 – 7A
1.
- Bonjour Madame !
○ Bonjour !
- C'est pour m'inscrire pour le cours de 18h.
○ Oui, dites-moi votre nom.
- Je m'appelle Thérèse Rapon.
○ Rapon ; R-A-P-O-N ?
- Oui et mon prénom, c'est Thérèse.
○ D'accord… Thérèse… et votre nationalité ?
- Je suis suisse.
○ D'accord. Et votre âge ?
- 56 ans.
○ Un numéro de téléphone ?
- Oui, c'est le 06 87 38 29 30.
○ Et enfin une adresse électronique ?
- Non, je n'en ai pas.
○ Bon, ce n'est pas grave, voilà, vous êtes inscrite. Ce sera tout. Merci.
- Merci. Au revoir.

2.
- Bonjour !
○ Bonjour !
- C'est pour une inscription ?
○ Oui, c'est ça.
- Quel est ton nom ?
○ Sanvicens.
- Sanvicens ?
○ Oui, S-A-N-V-I-C-E-N-S.
- Sanvicens, ok ! Et… dis-moi ton prénom.
○ Thomas.
- Thomas… Quel âge as-tu ?
○ 17 ans.
- Tu es étudiant ?
○ Oui. Étudiant.
- Et tu as un numéro de téléphone ?
○ Oui, c'est le 06 83 46 28 38.
- Une adresse électronique ?
○ tomy@version.vo
- Alors, on a dit tomy, T-O-M-Y ? @version.vo ?
○ Oui, c'est ça.
- Très bien. Merci… Ah non, j'ai oublié… euh… de quelle nationalité es-tu ?

○ Je suis français.
- D'accord. Cette fois-ci, c'est bon. Merci. Au revoir.
○ Au revoir.

3.
- Bonjour !
○ Bonjour, euh… c'est pour le cours de dix-huit heures.
- D'accord, on va remplir une fiche d'inscription. Quel est votre nom de famille ?
○ N'Diouf.
- Vous pouvez l'épeler, s'il vous plaît ?
○ Oui, bien sûr, N' D-I-O-U-F.
- N'Diouf ; ok, et votre prénom ?
○ Séréna.
- Séréna, de quelle nationalité êtes-vous ?
○ Je suis française.
- Française. Votre âge ?
○ Euh… 39 ans.
- 39 ans. Un téléphone ?
○ Euh… oui. Alors c'est le 06 12 53 24 22.
- D'accord. Et une adresse électronique ?
○ Oui. Alors c'est, serena.2000@version.vo.
- .vo. Et quelle est votre profession ?
○ Je suis professeure au collège.
- Bon, ben, ça ira comme ça. Merci madame. Au revoir.
○ Au revoir !

Track 11 – 8B
Alors on commence à jouer, vous êtes prêts, c'est parti !
92
6
14
44
27
5
11
26
60
83
37

Track 12 – 9A
○ Alors Séverine, ce cours de marketing ? Comment ça se passe ?
□ Vraiment très bien. J'suis très contente.
○ Oui, et le groupe est sympa ?
□ Ouais sympa ! En fait, on est un petit groupe, on est onze et puis euh… il y a plusieurs nationalités. Alors il y a David qui est anglais et on a même deux Japonaises.
○ Deux Japonaises !
□ Oui, Keiko et Hanaé.
○ Et euh… vous avez euh… tous le même âge à peu près ?
□ Oui, plus ou moins. Il y a Alice qui a 25 ans comme moi. Et il y a aussi Antonio, alors lui il est un p'ti peu plus âgé, il a environ 35 ans. Et, euh… il travaille dans la mode.
○ Ah ! Dans la mode. C'est intéressant.

Transcriptions des enregistrements et du DVD

UNITÉ 3

Track 13 – 3B

- Où tu habites, toi, Jean-Pierre ?
- Moi ? J'habite dans le Sud de Marseille.
- Ah bon ! C'est super, près de la plage, alors ?
- Oui ; il y a même plusieurs plages.
- Oui je sais… : t'habites près du port ?
- Non, pas vraiment, moi je suis plutôt à côté du palais de justice.
- Ah d'accord. Eh bien, dis donc, c'est bien chic comme endroit, c'est un quartier génial, non ?
- Oui, c'est un quartier super agréable et très vivant ; et juste à côté de chez moi y'a un super cinéma et un marché énorme. Et pour aller au centre, il y a un métro tout près. Tu sais, c'est près de la place Castellane…

Track 14 – 4C

1. Les boulevards
2. Le marché
3. Le métro
4. Les quartiers
5. Les musées

Track 15 – 7A

Il y a un arrêt de bus dans la rue ?
Sur la place, il y a une fontaine.
Il n'y a pas de parc dans le quartier ?
Dans le centre, il n'y a pas de rues piétonnes.
Le quartier est près de la plage.
C'est un quartier tranquille ?

Track 16 – 9B

- Alors, toi, Stéphane, tu habites à Paris ? Il paraît que c'est super Paris ? J'connais pas, moi !
- Ouais, moi, j'adore Paris. Il y a de tout dans cette ville. C'est vraiment super. C'est une ville moderne, avec des, des gratte-ciel dans le quartier des… des affaires à la Défense. Mais aussi une ville avec beaucoup de parcs et même des vignes dans le quartier de Montmartre.
- Arrête ! Des vignes à Paris ?
- Je te jure. On fait même du vin dans cette ville.
- Ah ! Ben ça alors, c'est vraiment incroyable, hein !
- Et, en été, pour les gens qui ne peuvent pas partir en vacances, on a une plage : Paris plage, c'est à côté de la Seine.
- Écoute, je crois que tu vas finir par me dire qu'en hiver, vous avez aussi des Tracks de ski.
- Non, non. Des Tracks de ski, ça non, pas encore. On n'a pas encore de Tracks de ski. Mais, tu sais Paris, c'est surprenant. On a même une pyramide !
- Une… une pyramide ?
- Ben ouais, la pyramide du musée du Louvre.
- Ah ! Oui. Évidemment, ça d'accord. Mais, mais attends… à Paris vous n'avez sûrement pas de… de… de Manneken Pis tiens, comme chez moi.
- Ah ça non ! Ça non, il n'y a pas de Manneken Pis à Paris, ça

c'est typiquement belge.
- C'est vrai. C'est même typiquement bruxellois. Mais tu vois, y'a pas tout à Paris.
- Ah ! Bien sûr que non ! Mais presque tout !

UNITÉ 4

Track 17 – 3B

1. Salut ! Je me présente : pour être content, je dois nager, skier, parcourir le monde à vélo… alors si vous aimez le sport et les voyages, écrivez-moi… nous partirons ensemble !

2. Bonjour ! Aimez-vous écouter ? Écouter les langues du monde ? Écouter les chansons de tous les pays ? Écouter les musiques du monde ? Alors vous êtes comme moi : une grande oreille qui adore toutes les musiques. Écrivez-moi !

3. Salut ! Moi, j'aime tout et tout le monde ; vous êtes sportif, je vous aime ! Vous êtes artiste, je vous aime ! Vous êtes un grand lecteur, je vous aime ! Vous aimez la fête, je vous aime !… Donc écrivez-moi tous…

Track 18 – 5D

j'aime
tu aimes
il aime
nous aimons
vous aimez
ils aiment

Track 19 – 8A

- Bon ben… Comme on sort pas ce soir, on pourrait peut-être faire quelque chose quand même.
- Ben… On pourrait peut-être jouer à un jeu ?
- Moi j'en connais un super amusant.
- Ah !
- En fait, tu penses à une personne célèbre et les autres te posent des questions pour deviner à qui tu penses.
- Ah ! Mais je connais ce jeu, c'est le jeu des devinettes.
- Voilà, le jeu des devinettes.
- Humm…
- Bon !
- Euh, j'commence si vous voulez ?
- D'accord, d'accord.
- Donc, ça y est, j'ai une personne.
- Alors… c'est un homme ou une femme ?
- Une femme.
- Âgée ?
- Non ! Elle est plus très jeune, mais bon elle est pas âgée non plus.
- Elle est de quelle nationalité ?
- Elle est américaine.
- Hum… et… c'est une actrice ?
- Non, c'est une chanteuse.
- Ah ! Je sais.
- Alors, vas-y essaie !

- ◆ Madonna.
- ▫ Ouais, c'est ça.
- ● Hummm…
- ▫ Alors, en fait, celui qui a trouvé fait deviner les autres maintenant.
- ◆ Hum, hum…
- ● Bon.
- ▫ Tu as quelqu'un ?
- ◆ Oui.
- ○ Alors, c'est un homme ou une femme ?
- ◆ C'est un homme.
- ● Français ?
- ◆ Très français.
- ○ Hum, hum… et c'est un… personnage réel ?
- ◆ Non, c'est un personnage de fiction.
- ▫ Ah d'accord. D'un livre ou d'une BD ?
- ◆ Une bande dessinée.
- ○ Une bande dessinée. Ah, je sais qui c'est ! C'est Astérix.
- ◆ Ouais, très bien.
- ▫ Oh ! Phil t'es trop fort. Bon, allez, vas-y, c'est à toi.
- ○ D'accord. Bon ben, c'est bon, je l'ai.
- ▫ Alors si c'est Phil, j'suis sûre que c'est une femme.
- ○ Hum ! Oui, oui. C'est, c'est une femme.
- ◆ Elle est jolie ?
- ○ Oh oui ! Elle est… c'est une jolie fille.
- ● Très jolie fille ?
- ○ Oui et célèbre !
- ▫ Ah ouais ! Elle est actrice ou chanteuse ?
- ○ C'est une actrice. Une actrice qui est connue dans le monde entier.
- ◆ Elle a joué dans un film… francophone ?
- ○ Hum… oui. Un film qui se passe à Montmartre.
- ● Attends ! Je sais. Qui… se passe à Montmartre, euh… *Amélie Poulain*, euh… Audrey Tautou.
- ○ Très bien, très bien. À toi, Monique.
- ● Bon, à moi, attendez. Euh… oui ça y est j'en ai un.
- ○ Alors c'est un homme ou une femme ?
- ● Un homme.
- ○ Un homme, euh…
- ▫ C'est un chanteur ?
- ● Non, pas du tout.
- ◆ Un politique ?
- ● Non plus.
- ○ Un sportif ?
- ● Oui.
- ▫ Et il fait du basket !
- ● Non.
- ○ Du tennis ?
- ● Oui.
- ▫ Federrer !
- ● Non. Il est pas suisse, il est espagnol.
- ○ Rafael Nadal.
- ● Ah ! Voilà !
- ▫ Oh ! C'est encore Philippe qui a gagné ?
- ◆ Ouais, bravo !
- ▫ Bravo.

PRÉPARATION À L'EXAMEN DU DELF COMPRÉHENSION DE L'ORAL

Track 20 - Exercice 1

1.
Le vol BA839 de British Airways à destination de Manchester effectuera l'embarquement porte 5.

2.
Les passagers du vol AF915 d'Air France à destination de Paris sont priés de se présenter à la porte 12.

Track 21 - Exercice 2

1.
Bonjour Fabien. C'est Philippe Dumont. Tu vas bien ? On joue bien au tennis demain soir ? Bon, je te rappelle, hein… À plus.

2.
- ● Excusez-moi Madame… je cherche l'école des trois tilleuls.
- ○ L'école des trois tilleuls… Ah oui ! C'est tout près… là-bas… vous voyez, au bout de la rue… sur la place de la Mairie.
- ● Ah oui, oui, oui, je la vois. Merci beaucoup !

3.
- ● Pardon, vous pouvez m'indiquer où se trouve la piscine ?
- ○ MMMMhhh ! Vous voyez l'arrêt de bus, là-bas ?
- ● Oui…
- ○ Eh bien, vous prenez la première à droite après l'arrêt et vous marchez 5 minutes ; la piscine est à droite, dans cette rue ; mais c'est loin…
- ● Ah ! Bien, d'accord ; merci. Au revoir.

Track 22 - Exercice 3

1.
- ● Bonjour, euh, je prends ce livre-ci.
- ○ Oui… alors… *Notre-Dame de Paris*… Victor Hugo… Vous pouvez le garder pendant 15 jours.
- ● Oui, oui, je sais.
- ○ Voilà et bonne lecture.
- ● Merci ! Au revoir.

2.
- ● Alors… Prenez votre livre à la page 13, exercice 12.
- ○ Pardon Monsieur, quel exercice ?
- ● L'exercice 12, Sonia. Ah ! Vous n'écoutez pas, Mademoiselle !
- ● Marie, tu lis la première consigne, je te prie…
- ▫ Oui, Monsieur…

3.
- ● Bonjour. Je peux vous poser une question ? C'est pour une enquête.
- ○ Mmmh…
- ● Quel est votre chanteur préféré ?
- ○ Un chanteur français ?
- ● Oui.
- ○ Moi, j'aime bien Bénabar.
- ● Et vous avez quel âge ?

○ 32 ans.

● D'accord, merci.

○ C'est tout ?

● Oui, oui, c'est tout.

○ Ah bon, ben, au revoir.

4.

● Alors… la personne suivante, s'il vous plaît ?

○ C'est moi.

● Bonjour. Quel est votre nom ?

○ Da Silva.

● Et votre prénom ?

○ Jessica.

● D'accord ! Euh… votre adresse ?

○ 75 rue des Fleurs, à Paris.

● D'accord, vous avez un téléphone ?

○ Oui. 06 76 89 42 34.

● Et une adresse électronique ?

○ Euh… Je m'en souviens plus…

● Bon, ce n'est pas grave, ne vous inquiétez pas !
Ah, j'oublie… vous êtes portugaise ?

○ Oui.

● Voilà ! Votre fiche est en ordre. Au revoir.

○ Au revoir.

Track 23 - Exercice 4

1.

● Pardon Madame, comment dit-on « plaza » en français ?

○ Allons , David ! Vous savez ça, non ? Bon, qui le sait ?

□ Moi, Madame ! « Plaza », c'est place en français.

○ Bravo, Elsa ! Allez, au travail maintenant ; vous avez cinq minutes pour terminer l'exercice.

2.

● Super ce film, tu trouves pas ?

○ Ouais, pas mal, mais, je n'aime pas Daniel Auteuil.

● Ah bon ! Ah, c'est marrant tiens ! Moi, je l'adore. Mais c'est qui alors ton acteur préféré ?

○ Ben, Johnny Depp.

● Ah bon ! Bof !

3.

● Bonjour, votre réservation et votre passeport, s'il vous plaît. Vous allez où ?

○ À Toulon !

● Bien Madame. Vous préférez fenêtre ou couloir ?

○ Couloir, si c'est possible.

● Voilà ! Embarquement à 11h20, porte A. Bon voyage, Madame !

○ Merci !

4.

● Alors votre nom, s'il vous plaît ?

○ Manier. M-A-N-I-E-R.

● Et… votre prénom ?

○ Alors, mon prénom, c'est Sandrine.

● Vous êtes de quelle nationalité ?

○ Je suis belge.

● Et votre langue maternelle est donc ?…

○ Le français, le français.

● Vous parlez aussi d'autres langues ?

○ Oui, néerlandais et anglais.

● Couramment ?

○ Oui, oui, néerlandais couramment et anglais assez bien.

● Bon, très bien.

○ Alors, c'est tout ?

● Oui, c'est tout. On vous appellera.

○ Ah bon ! Ah bon ! Merci. Au revoir.

UNITÉ 5

Track 24 – 4B

1. Trois heures vingt-cinq.
2. Neuf heures cinq.
3. Huit heures moins le quart.
4. Neuf heures moins cinq.
5. Six heures vingt.
6. Cinq heures et quart.
7. Deux heures moins dix.

Track 25 – 4C

1. Vingt et une heures quarante-cinq.
2. Treize heures trente-cinq.
3. Huit heures quarante.
4. Dix-sept heures trente.

Track 26 – 7A

1. Je n'me rase pas.
2. Souvent, j'me couche avant dix heures du soir.
3. Ce soir on s'couche tôt parc'que demain on s'lève à six heures.
4. Tu m'dis toujours toutc'que tu penses ?
5. J'me lave les dents après chaque repas.

Track 27 – 8C

Bonjour, je m'appelle Claire et je suis professeure de lycée.
En général, je me lève vers 7h00 pour être au lycée à 8h00. Les cours commencent à 8h10 et durent jusqu'à 12h30.
Tous les jours, je déjeune à la cantine du lycée entre 12h30 et 13h30 et, si j'ai cours l'après-midi, je recommence déjà à 14h00. Dans ces cas-là, je termine à 16h30, sauf le mercredi après-midi où personne n'a cours.
À la maison, on dîne vers 20h00 et je vais me coucher vers 23h00.

Track 28 – 9A

Alors ! Qu'est-ce que je fais le matin au réveil. Et bien, euh… alors d'abord mon réveil sonne à 6h00 et la toute première chose que je fais, c'est allumer la radio et préparer mon petit déjeuner. Euh… après, euh… donc je vais dans la salle de bain et euh… j'me rase, j'me lave les dents et j'prends une douche et puis j'm'habille. Et voilà et puis je pars au travail. Et voilà !

Track 29 – 10B

● Dis donc, Manu, tu parles déjà bien le français ! Tu fais comment ?

○ Ben… Je lis le plus possible en français.

● Tu lis quoi ?

○ Euh… tout, euh… des revues, des journaux ; et puis j'écoute aussi la radio, je regarde la télé, des films…

● Et tu comprends tout ?

○ Ah non ! Mais je n'essaie pas de tout comprendre : si je comprends le sens général, c'est bien ; c'est le but au début !

● Donc tu ne cherches pas les mots que tu ne comprends pas dans le dictionnaire ?

○ Mais non, si je comprends le sens général, chercher dans le dictionnaire me fait perdre du temps et j'oublie ce que j'ai lu ; c'est idiot !

● Ah bon ! Je vais essayer.

UNITÉ 6

Track 30 – 2A

◆ Regarde Séverine toutes les fringues que je trouve sur le net…

□ Ah, pas mal ! Et qu'est-ce que tu vas acheter ?

◆ Ben… j'crois que j'ai plus de pantalon, plus de pantalon d'été. Regarde ce pantalon à fleurs… Il est génial et pas cher en plus.

□ Attends Stéphane… mais tu vas pas porter un pantalon à fleurs quand même !

◆ Ben pourquoi ? Regarde le gris et le noir, c'est pas possible pour l'été, c'est trop sombre.

□ Bon d'accord, le gris et le noir mais regarde le blanc c'est bien, le blanc c'est une couleur d'été.

◆ Mmmh… le blanc… ben c'est trop classique.

□ Ah c'est sûr, c'est plus classique que le pantalon à fleurs, en tout cas.

◆ Oui peut-être, mais moi, j'aime bien les fleurs…

□ Mais regarde… euh… si tu mets une chemise noire sur le pantalon blanc et ben je sais pas moi, t'es très élégant.

◆ Et tu aimes ça, toi, les garçons élégants ?

□ Eh ben oui !… Moi j'aime bien que tu t'habilles bien de temps en temps. Et puis en plus, tu vois cette chemise noire, elle a des manches courtes. Donc, tu n'vas pas avoir chaud et puis euh… elle est pas chère.

◆ Bon et je mets quel pull avec tes vêtements élégants ?

□ Ben, je sais pas. Regarde, tu en as quatre ici, tu peux choisir n'importe lequel.

◆ Le pull rouge à capuche, je suppose ?

□ Ben oui, pourquoi pas !

◆ Écoute Séverine, tu exagères ! D'un côté euh… tu m'dis d'acheter un pantalon et une chemise élégante et il faut que je m'achète un pull ridicule, à capuche en plus ; et qui est très cher…

□ Oh, écoute, zut à la fin… Tu m'demandes mon avis et tu m'écoutes pas. Vas-y, achète c'que tu veux…

◆ Bon eh bien, j'me décide tout seul. Je vais donc prendre le pantalon à fleurs, oui à fleurs, 28 euros… plus la chemise blanche en lin qui coûte 20 euros… pas chère… et… pour le pull… le pull… fuff… je sais pas moi… avec les fleurs… le vert… c'est bien, c'est comme dans la nature… le pull vert oui… c'est bien pour l'été… En plus il est pas cher non plus, 28 euros. Donc, ça nous fait au total : 28 + 20, 48… + 28 pour le pull … 76, 76 euros… ça va non ? Ok ! Donc je clique ici et ça y est…

Track 31 – 3B

● Allô, Sophie ?

○ Oui ?

● Salut ! C'est Géraldine.

○ Ah, salut Géra. Tu arrives demain, non ? À quelle heure ?

● Oui demain ; j'arrive à la gare à 19h30.

○ Bon, ben on vient te chercher.

● D'accord merci ; c'est très gentil. Mais dis-moi, là, je suis en train de faire ma valise : il fait quel temps à Saint Trop ? Il fait beau ?

○ Ouais, il fait super beau !

● Bon, parce que tu sais à Paris, il pleut et il fait 15 degrés.

○ Oh, ici, il fait près de 30 degrés.

● Pour moi, c'est super ! Et qu'annonce la météo ?

○ La météo annonce du beau temps pour la semaine prochaine, il va faire très chaud.

● Alors j'emporte mon maillot, mes petites robes et mes lunettes de soleil…

○ Et n'oublie pas ta crème solaire.

● Non, d'accord… À demain !

○ À demain, Géra. Bisous.

● Bisouououou.

Track 32 – 4D

1.

Un sac gris	des sacs gris
Une chemise grise	des chemises grises

2.

Un bonnet vert	des bonnets verts
Une robe verte	des robes vertes

3.

Un manteau rouge	des manteaux rouges
Une jupe rouge	des jupes rouges

4.

Un pull noir	des pulls noirs
Une chemise noire	des chemises noires

UNITÉ 7

Track 33 – 3A

● Et pour ces messieurs-dames ?

○ Mmm, comme entrée, j'hésite… Quelle est l'entrée du jour ?

● Aujourd'hui, nous vous proposons une salade au fromage de chèvre chaud.

○ Euh… d'accord… ben je vais plutôt prendre le foie gras !

◻ Eh bien, moi, les escargots, comme cela nous pourrons goûter les deux…

● Très bien : un foie gras et des escargots… et comme plat ?

○ Alors, dites-moi, c'est quoi la blanquette de veau ?

● Ah, c'est de la viande de veau avec des champignons de Paris dans une sauce blanche ; c'est délicieux, Monsieur.

◻ Et le steak tartare ?

● C'est une viande de bœuf hachée et crue, servie avec un œuf, des petits oignons, des herbes et de la mayonnaise… et vous préparez votre plat vous-même.

◻ Ah, de la viande crue, non merci.

○ Et bien moi, je vais goûter. Pour moi, un steak tartare.

◻ Et moi, je ne sais pas trop…

● Je peux vous proposer notre plat du jour, c'est du poisson, du filet de colin au four sur un lit de pommes de terres.

◻ Allez, je vais prendre le poisson, je vais goûter !

● Bien ! Un plat du jour et un tartare. Et comme boisson ? Un petit verre de vin ?

○ Oui, bien sûr, un bon petit vin français.

● Un vin rouge, un vin blanc ?

○ Bon, avec les escargots et le foie gras, nous prendrons un verre de Bourgogne ; puis avec le plat, euh… pouvez-vous nous apporter un Bordeaux ?

● Bien sûr, Monsieur. Une bouteille ?

○ Non, une demi-bouteille, s'il vous plaît.

● Très bien, messieurs-dames.

Track 34 – 8A

1. restaurant – piquant – saignant – santé
2. vin – romarin – pain – tatin
3. boisson – melon – bon – saumon

Track 35 – 8B

1. paix – peine – pain
2. beau – bonne – bon
3. taux – tonne – thon
4. A – anne – an
5. ses – saine – sain
6. raie – reine – reins

Track 36 – 8C

1. Voulez-vous du pain ?
2. Voulez-vous du vin blanc ?
3. Voulez-vous du poisson ?

Track 37 – 9B

● Uff… Eh ben, c'est lourd hein… toutes ces courses. Allons, on va ranger ça. Voyons si j'ai tout pour mon entrée… Oui, ok ! Tout est sous contrôle pour l'entrée, tout va bien. Alors, mon plat principal… Ah non, non, non, non, c'est pas vrai, faire un poulet maringo sans poulet. J'ai oublié le poulet ! Mais tu es vraiment stupide, hein, ma fille. Alors, voyons, tant qu'on y est, tant qu'on y est, voyons si j'ai tout pour le dessert. Eh ben non ! Et ben, y'a pas de crème fraîche et y'a pas de sucre. Donc, j'ai aussi oublié la crème fraîche et j'ai aussi oublié le sucre. Donc, pas d'poulet, pas de crème fraîche et pas d'sucre. Bon, ben, zut hein… je redescends au supermarché.

UNITÉ 8

Track 38 – 2B

● Bonjour Madame !

○ Bonjour ! J'ai lu votre bilan de compétences et j'aimerais vous poser quelques questions supplémentaires.

● D'accord !

○ Vous avez fait des études littéraires, n'est-ce pas ?

● Oui, tout à fait !

○ Et quelles sont les matières que vous appréciez ?

● Le français, l'histoire et les langues. Par contre, je déteste les mathématiques !

○ Ah ! Et que faites-vous dans votre temps libre ?

● J'aide ma mère, je m'occupe de mes petits frères, je suis inscrite au club de théâtre du village et j'adore ça !

○ Et les nouvelles technologies ? Vous passez du temps sur Internet ?

● Ah non ! Moi, ce qui m'intéresse, c'est le contact avec les gens. Je ne comprends pas ces gens qui s'enferment des heures devant un ordinateur… Je préfère voyager, découvrir d'autres cultures…

○ Vous parlez plusieurs langues alors ?

● Ah oui ! Je suis plutôt douée pour les langues. Je parle couramment anglais et espagnol.

○ Et si vous deviez vous définir en 3 mots ?

● Ben… sociable, généreuse et assez organisée.

○ Ah, d'accord, très bien. Une dernière question…

Track 39 – 3B

Mesdames et messieurs, bonsoir.
Au sommaire de notre journal de ce soir…
- Pas de victimes lors de l'atterrissage de l'Airbus A320 hier soir sur l'eau glacée de la rivière Hudson ;
- Pas de problèmes non plus pour les deux pilotes amateurs qui ont atterri dans un pré anglais pour déjeuner ;
- En revanche, condamnation des deux personnes arrêtées par la police du Valais pour le vol de trente-deux cloches de vaches ;
- Fête au village de Daniel Bocuze qui est entré dans le livre des records, hier.
Mais avant de développer ces informations, signalons que le projet annoncé par la SNCF hier soir de faire payer les toilettes dans les trains n'était qu'un… poisson d'avril !
Passons donc maintenant aux nouvelles sérieuses…
Pas de victimes donc…

Track 40 – 5A

j'	ai	fait	je	suis	venu
tu	as	fait	tu	es	venu
il	a	fait	il	est	venu
nous	avons	fait	nous	sommes	venus
vous	avez	fait	vous	êtes	venus
ils	ont	fait	ils	sont	venus

Track 41 – 5B

1. ils sont venus
2. elles ont appris

3. ils sont partis
4. ils ont acheté
5. elles sont restées
6. elles ont déjeuné

Track 42 – 7A
○ Alors, comme ça, tu es d'Paris, toi aussi ?
□ Non, moi je n'suis pas de Paris, euh… je suis bretonne.
○ Tu es bretonne !
□ Ben, oui, j'suis bretonne. Pourquoi ?
○ Oh, moi aussi !
□ C'est pas vrai.
○ Oui, oui. Tu es d'où ?
□ Alors moi en fait, je suis née à Fougères.
○ À Fougères, ah, moi je suis né à Vannes.
□ Ah ben ! On est plus ou moins voisin !
○ Oui, presque. Et tu as étudié où comme ça ?
□ Alors en fait, j'ai étudié à la fac de Rennes, euh… j'y suis restée pendant quatre ans.
○ Ah ! D'accord. Ben, moi aussi, j'ai fait mes études à Rennes…
□ Hum, hum…
○ Pendant quatre ans aussi. Et après, je suis parti à Londres.
□ Et ben, moi aussi.
○ C'est pas vrai !
□ Je suis partie à Londres pendant un an.
○ Et bien, comme moi. Et après je suis parti à Madrid.
□ À Madrid ! Eh bien, tu vois, moi l'Espagne je n'connais pas du tout. Je n'y suis jamais allée.
○ Ah ! Bien, écoute… je vais souvent en Espagne… tu veux… enfin… on… peut aller ensemble là-bas si tu veux pour les vacances.
□ Ah ben ! C'est gentil ! Ben, j'vais demander à mon copain, Stéphane, et puis on pourrait y aller tous les trois. Ça pourrait être sympa !
○ Euh… oui, bien sûr. Oui, oui, oui.

TRANSCRIPTIONS DU DVD
UNITÉ 2
Le monde d'Hélène

– Salut tout le monde.
– Salut Romain !
– Salut Hélène !
– Ça va ?
– Ouais et toi ?
– Ouais. Tu as passé une bonne soirée ?
– Ça va, ouais.
– Bien. Euh…
– Et toi ?
– Ben oui écoute, ça va.
   Ça va JB ?

– Ça va, ça va.
– Ouais. On peut regarder euh… ensemble ce euh… plan puisqu'il y a le client qui vient tout à l'heure. Tu peux me montrer ce qui a changé… du nouveau… des derniers éléments.
– D'accord.
– Bon ben merci. À tout à l'heure.

– Bonjour, Hélène. Vous allez bien ?
– Et vous ?
– Oui, très bien, merci.
– Est-ce que vous voulez un café ?
– Avec plaisir.
– Oui ?
– Avec plaisir.
– Bon, je vais le chercher. Je vous laisse vous installer.
   Je vous ai sorti le plan, vous pouvez le consulter déjà.

– Super.
– Je vous raccompagne ?
– Non, ça va aller.
– Ça va aller ?
– Merci beaucoup.
– Ben de rien, au revoir.
– Merci.
– Je vous souhaite une bonne journée.
– Merci, merci, au revoir.
– Merci, au revoir. À bientôt !

– Salut Marion.
– Salut !
– Ça va ?
– Ouais et toi ?
– Ouais.
– T'as passé une bonne journée ?
– Fatigante. Beaucoup de travail, mais très bien. Et toi ?
   Bien, fatigant aussi.

UNITÉ 3
Sur les pas d'Émilie

Bonjour, je m'appelle Émilie, j'habite à Paris et je vais vous présenter mon quartier.
Je viens souvent dans ce café pour écrire des cartes postales et après je vais à la Poste qui est juste à côté et je les mets dans la boîte aux lettres.
Le métro est derrière moi, entre le café où j'écris mes cartes postales et la rue commerçante où je fais mes courses et où il y a une très très bonne boulangerie.
Ça va faire du bruit !
Il y a beaucoup de boulangeries dans mon quartier, mais celle-ci c'est la meilleure chouquette.
Il y a de très belles fleurs chez le fleuriste en bas de chez moi.
Je lui achète souvent des roses.
Après avoir vu un bon film au cinéma, c'est agréable d'être au bord de l'eau.

UNITÉ 4
Fan de

– Rock, car euh… c'est une musique qui déménage et une musique où on peut s'amuser tous ensemble.
– Oui, euh… moi, je préfère la musique classique à la musique rock, c'est ce que j'écoute.
– Ben ! J'aime bien le rock, voilà ! Parce que y'a plein de styles différents, parce que ça bouge, parce que c'est sympa ! Parce que j'aime bien, voilà !
– J'adore Michel Sardou !
– J'aime toutes les musiques mais le…, euh… vraiment la musique que j'aime, c'est Johnny Hallyday, mais, autrement j'aime bien tout. J'suis jeune.
– Michel est plus, euh… il est moins rock and roll quoi ! On va dire.
– Alors, ce que j'aime en musique, j'aime beaucoup la musique russe, j'adore Rachmaninov ! J'adore l'opéra italien, un peu l'opéra français quand il s'agit, par exemple, de *Carmen*.
– Moi, je suis très hétéroclite en ce qui concerne la musique, mais je suis très musique française, très musique années 80, très Johnny Hallyday, très Eddy Mitchell, toutes ces chansons-là, mais je ne m'interdis aucune, aucune musique. J'écoute toutes… toutes sortes de musiques.
– Rock, pop, jazz et classique.
– Moi, j'ai pas de style musical préféré, mais si je parlais d'un… d'un compositeur préféré, je parlerai de Jean Sébastien Bach.
– Oh ! Je suis un gros fan de Berlioz !
– Et la musique que j'aime bien, ben, ça serait la chanson française et pas la variété française, et euh… je sais pas, le rock, voilà !
– Vous êtes obligés de bouger, c'est… c'est… ça rentre dans votre corps, et… et ça vous fait remuer.
– Ah ! Moi, ça me transporte. Je pense que… on se… on se sent capable quand les gens chantent bien… on se sent capable d'être transporté par eux et on pense qu'on chante aussi.
– L'élévation et la… la force, l'énergie, l'euh… l'euphorie.
– J'aime pas vraiment le rap.
– Ah ! Ouais… la musique que je déteste en fait, c'est le rap quoi, parce que je comprends rien à ce qu'ils disent.
– Alors, je ne supporte pas tout ce qui est rock, comme Johnny Hallyday, par exemple.
– La musique que je supporte pas, euh… non y'en a pas non plus que je supporte pas mais j'aime pas beaucoup la variété française. Voilà !
– La valse !
– Moi, la musique que je ne supporte pas, ça serait le hard rock et euh… la variété française vraiment nulle, mais comme la variété nulle d'ailleurs.
– Je n'aime pas le hard rock, je ne comprends pas cette musique, je ne comprends pas les paroles de cette musique, je ne m'identifie pas à cette musique.
– Je n'aime pas la musique techno. Non, j'aime pas. Tous ces bruits métalliques et… trop, trop speed. Non ! C'est pas moi.
– J'aime toutes les musiques.
– J'aime toutes les musiques en fait.
– Même le hard rock, même la techno, même le dub, euh…

le slam, j'adore, j'adore, vraiment ! C'est-à-dire que ces musiques-là, ça… ça va dépendre des moments. Ça va dépendre des moments… ça va dépendre des gens avec qui je serai, ça va dépendre de ce que je vais faire aussi, de ce que je vais être en train de faire.
– Le rock and roll.
– Rock.
– Le jazz et la musique classique.
– Ou la variété française.
– Le jazz et le classique.
– La musique russe.
– La musique française.
– Le rock and roll.

UNITÉ 5
Zen au quotidien

Je suis Gérard Geisler, j'habite dans le quinzième arrondissement à Paris et… je travaille, dans la, dans l'enseignement du Qi Gong, donc c'est un art euh… pas un art martial mais c'est une sorte, une forme de gymnastique, euh… chinoise, hein, mais qui est différente de la gymnastique occidentale, c'est-à-dire qu'elle prend en compte la nature, elle prend en compte une philosophie chinoise à l'intérieur de cette gymnastique et qui permet d'équilibrer le corps, qui permet d'enlever toutes les tensions de la vie moderne.
Alors les élèves, euh… j'essaie euh… de, simplement de leur faire ressentir leur corps. Parce que le Qi Gong c'est quoi, c'est un art de sensation, hein, euh… on cherche pas à atteindre un but en fait. On essaie d'écouter son corps au maximum, d'être ouvert sur son corps.
Ce qui est important, c'est de pouvoir aider les personnes à régulariser leur énergie. Souvent, les gens, à cause de la vie moderne, euh… ils sont tendus, ils dorment mal, euh… ils mangent trop rapidement, euh… ils courent tout le temps et y'a un gros problème c'est… ils ont trop d'informations, ils reçoivent beaucoup trop d'informations.
Ah ! En général, je me lève vers 7h30, euh… je vais à la cuisine pour préparer le petit déjeuner macrobiotique parce que nous sommes… nous utilisons la macrobiotique au niveau des aliments. En général, vers 9h00, je, je commence à faire euh… des exercices de yoga de façon à assouplir particulièrement mon bassin. Donc je fais du yoga à peu près pendant 40 minutes, tous les jours. Ensuite, généralement, je sors euh… soit dans un parc, soit pour faire des courses. J'achète toujours des légumes et des fruits locaux cultivés à côté de là où on vit parce que la macrobiotique demande qu'on ait des fruits et des légumes qui sont proches de l'endroit où on vit.
J'utilise le vélo parce que c'est un moyen écologique, c'est un moyen qui ne pollue absolument pas la ville et j'ai vraiment l'impression de protéger les parcs, de protéger les arbres de Paris quand je roule en vélo.
Euh… les gens euh… devraient plus rouler en vélo parce que ça permettrait de, de rendre la vie plus belle. Donc, c'est une façon pour moi d'embellir un peu la vie de prendre mon vélo.

UNITÉ 6
Chiner à Bruxelles

– On est au marché aux puces de Bruxelles, vieux marché, très ancien, un des rares, si pas le seul à être ouvert, je crois, tous les jours de l'année.
– Mon métier est de vendre des objets anciens, qui quelquefois sont des antiquités, quelquefois se rattachent plus à la brocante.
– Alors justement, comment est-ce qu'on doit vous appeler ?
– On hésite, on balance entre antiquaire et brocanteur, quelquefois décorateur quand les objets qu'on parvient à trouver ne rentrent ni dans une catégorie ni dans l'autre.
– Qu'est-ce que, vous, vous recherchez en particulier dans ce genre d'endroit ?
– Euh… tout et rien, tout et rien, euh… on doit avoir l'œil intéressé et euh… ça peut être une lampe, ça peut être une table… Vraiment, on essaie de repérer ce qui a une certaine valeur marchande dans ce grand… dans ce grand fatras. Les objets ont des vies multiples. Oui, oui, oui, oui. Elles vi… elles… elles sortent du marché aux puces pour aller en général dans des magasins qui sont en général aux alentours. On peut faire un petit tour. Je peux vous montrer si vous voulez… Alors là, on est chez mon ami Stéphane, spécialisé en objets de décoration, en détournement d'objet puisqu'il, euh… il va, disons, recycler des objets, qui étaient normalement destinés à être un peu oubliés, en objets de décoration. Comme, par exemple, ces bacs de rangement ou bien ces vieilles motos ou encore des seaux de pompier anciens et ça peut prendre un peu toutes les directions. Tout ce que l'on a chez soi peut un jour avoir sa place peut-être chez moi. Oui, oui, oui, oui, bien sûr.
– La clientèle est belge en majorité, mais les gros clients sont souvent américains, japonais et nouvellement coréens. Ils cherchent tous des objets et des meubles très différents. Le métier a donc encore de beaux jours devant lui !

UNITÉ 7
Les secrets du Roquefort

Messieurs-dames, bonjour, bienvenus chez Société pour la visite de nos caves. Je m'appelle Chantal, je vais vous accompagner sur cette visite où je vais vous faire découvrir le roquefort.
Alors, vous devez vous demander : à Roquefort et pourquoi pas ailleurs. Eh bien tout le mystère réside dans cette montagne.
Il y a un million, un million cinq cent mille ans, la montagne s'est affaissée, ce qui a donné naissance à un immense chaos et, dans ce chaos, vous allez avoir tout un système de failles, que l'on appelle ici des fleurines. Alors ces fleurines vont communiquer avec le flanc de la montagne, nous sommes plein nord. Lorsqu'il pleut, le calcaire laisse pénétrer l'eau, c'est ce qui va donner un taux d'humidité constant, 90 à 95% d'hygrométrie dans ces caves, toute l'année et une température fraîche, soit 8 à 10° C quelle que soit la saison.

Et c'est grâce à ces conditions qu'un champignon a pu se développer, le Penicillium Roqueforti, qui viendra transformer le simple caillé de brebis en roquefort.
Mais les caves doivent obligatoirement se situer dans cette commune de Roquefort-sur-Soulzon, dans un périmètre bien déterminé, fixé par l'appellation d'origine contrôlée, soit seulement deux kilomètres de long, trois cents mètres de large et trois cents mètres de profondeur. En dehors, c'est strictement interdit. Tout ce qui concerne la mise en forme du fromage se fait en laiterie, ce qui consiste à faire le caillé, l'égouttage et le salage. Ensuite, transfert du fromage en cave à Roquefort pour l'affinage.

UNITÉ 8
Ici et là-bas

Je m'appelle Valente Gaspard et je suis né à Tunis et… mes parents…, mon père était sicilien, donc il venait de Marsala, et ma mère est d'origine grecque. J'ai… j'ai, j'ai passé mon enfance à Tunis dans… dans un milieu français, euh… j'allais à l'école française et… ma foi jusqu'à l'âge de 16 ans, et puis comme j'aimais pas tellement l'école, j'ai quitté l'école à l'âge de 16 ans pour essayer de travailler. Donc, j'étais rentré dans un endroit pour apprendre euh… j'étais apprenti dans un magasin de, de radio, donc je faisais le technicien radio, ma foi et… au bout de quelque temps, je me suis retrouvé encore au chômage et puis là, j'étais là et il fallait que je fasse quelque chose et… et j'ai passé un examen, un examen psycho-technique et qui m'a permis de venir en France à une école française, euh… dans le nord.
Alors mes parents, le jour du départ, sont venus me conduire, y'avait tout le monde, y'avait mes parents, mes parents, mon père, ma mère, mes sœurs… sont venus me conduire au bateau.
Euh… une fois que je suis allé vers Marseille, euh… j'ai attendu ma correspondance et j'ai pris le train pour Paris, pour aller dans le nord parce que j'ai… j'allais dans une école à Amiens. J'ai passé, euh… tout… pendant six mois euh… le temps de mon stage euh… à apprendre monteur en chauffage. J'ai quitté euh… la maison de Montereau chauffage, euh… la firme et euh… c'était pour travailler sur les métros et ma foi, j'ai appris le métier de… dans les chantiers, de… de faire des installations, des… des immeubles, des… ça fait que je suis monté en grade. Et petit à petit, ma foi ma vie, elle a évolué et j'ai gagné plus d'argent, j'ai eu des promotions, euh… euh… je me suis marié, j'ai créé une famille, j'ai, j'ai travaillé énormément avec ma femme pour essayer de construire quelque chose, hein… Bon… On a construit quelque chose et puis ma foi, euh… maintenant ma vie est ici, je ne pourrais plus m'adapter ailleurs, du fait quand même que ça fait quand même plus de 60 ans que je suis là.

LE MONDE DE LA FRANCOPHONIE

56 ÉTATS ET GOUVERNEMENTS MEMBRES DE L'OIF
14 OBSERVATEURS

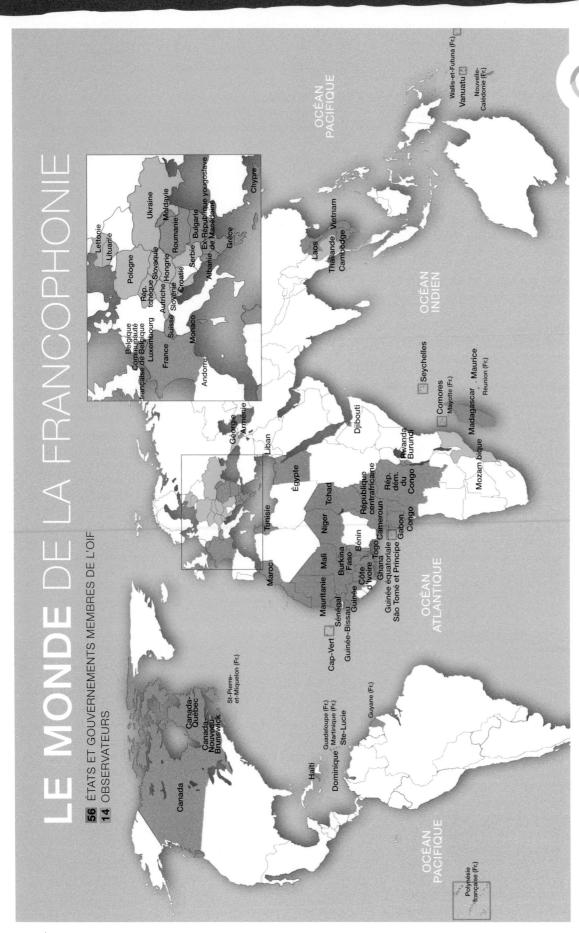

L'Organisation internationale de la Francophonie est une institution fondée sur le partage d'une langue, le français, et de valeurs communes.

Elle rassemble **56** États et gouvernements membres et **14** observateurs totalisant une population de **870 millions.**
On recense **200 millions** de locuteurs de français dans le monde.

ORGANISATION
INTERNATIONALE DE
la francophonie

LA FRANCE MÉTROPOLITAINE

Limite d'État
Limite de région
Limite de département
■ Capitale
● Chef-lieu de région
• Chef-lieu de département

Échelle
0   50   100 km

ÎLE-DE-FRANCE

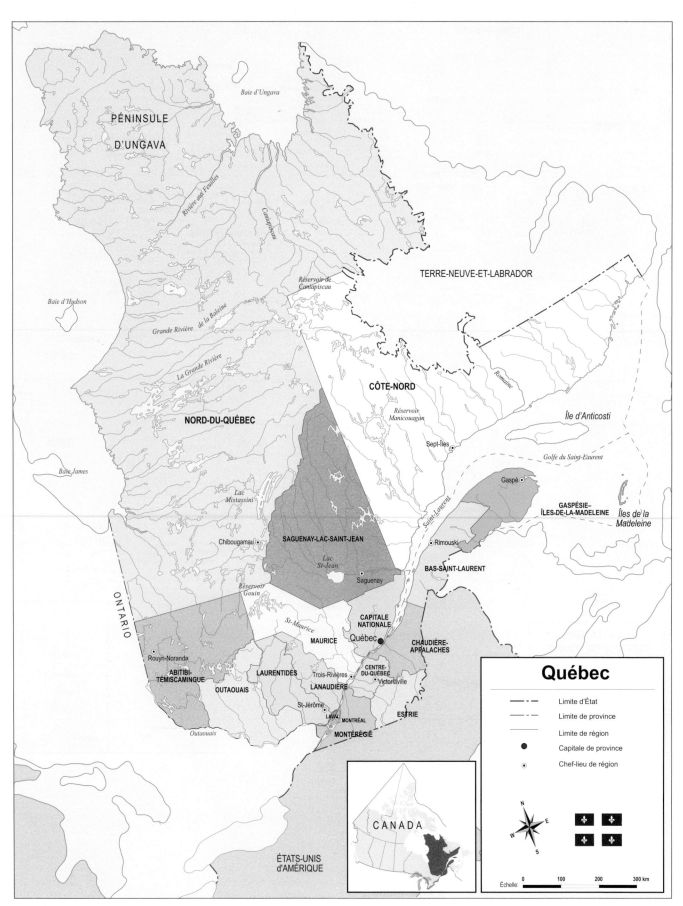

PÉNINSULE D'UNGAVA

Baie d'Ungava

Rivière aux Feuilles

Caniapiscau

Baie d'Hudson

Réservoir de Caniapiscau

TERRE-NEUVE-ET-LABRADOR

Grande Rivière de la Baleine

La Grande Rivière

Romaine

CÔTE-NORD

NORD-DU-QUÉBEC

Réservoir Manicouagan

Île d'Anticosti

Baie James

Sept-Îles

Golfe du Saint-Laurent

Lac Mistassini

Gaspé

Chibougamau

SAGUENAY-LAC-SAINT-JEAN

GASPÉSIE–ÎLES-DE-LA-MADELEINE

Îles de la Madeleine

Lac St-Jean

Rimouski

Saguenay

BAS-SAINT-LAURENT

ONTARIO

Réservoir Gouin

Saint-Laurent

St-Maurice

CAPITALE NATIONALE

Québec

MAURICE

CHAUDIÈRE-APPALACHES

Rouyn-Noranda

LAURENTIDES

Trois-Rivières

CENTRE-DU-QUÉBEC

Victoriaville

ABITIBI-TÉMISCAMINGUE

LANAUDIÈRE

OUTAOUAIS

St-Jérôme

ESTRIE

LAVAL

Montréal

Outaouais

MONTÉRÉGIE

ÉTATS-UNIS D'AMÉRIQUE

CANADA

Québec

— · · — Limite d'État

— · — Limite de province

——— Limite de région

● Capitale de province

⊙ Chef-lieu de région

Échelle : 0 100 200 300 km

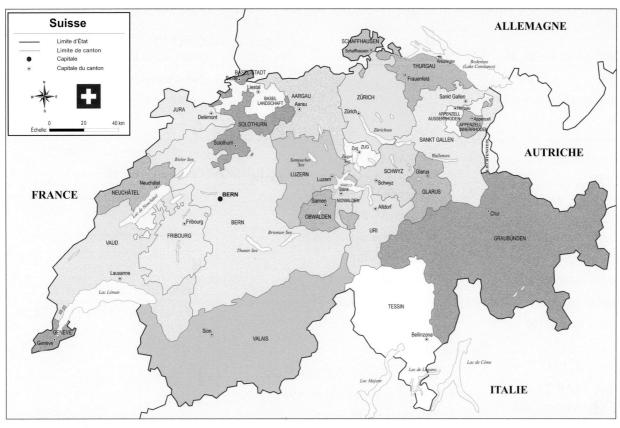

Suisse

― Limite d'État
― Limite de canton
● Capitale
⊙ Capitale du canton

Échelle: 0 20 40 km

ALLEMAGNE

SCHAFFHAUSEN
Schaffhausen
THURGAU
Frauenfeld
Kreuzlingen
Bodensee
(Lake Constance)
BASEL-STADT
Basel
Liestal
BASEL
LANDSCHAFT
AARGAU
Aarau
ZÜRICH
Zürich
Sankt Gallen
Herisau
APPENZELL
AUSSERRHODEN
Appenzell
APPENZELL
INNERRHODEN
JURA
Delémont
SOLOTHURN
Solothurn
Zürichsee
SANKT GALLEN
Wallensee
AUTRICHE
Bieler See
Neuchâtel
NEUCHÂTEL
Sempacher
See
LUZERN
Luzern
Zug ZUG
Zuger
See
SCHWYZ
Schwyz
Glarus
GLARUS
FRANCE
BERN
Fribourg
FRIBOURG
BERN
Brienzer See
Thuner See
Samen
OBWALDEN
Stans
NIDWALDEN
Altdorf
URI
Chur
GRAUBÜNDEN
VAUD
Lausanne
Lac de Neuchâtel
Lac Léman
GENÈVE
Genève
Sion
VALAIS
TESSIN
Bellinzona
Lac de Lugano
Lac de Côme
Lac Majeur
ITALIE

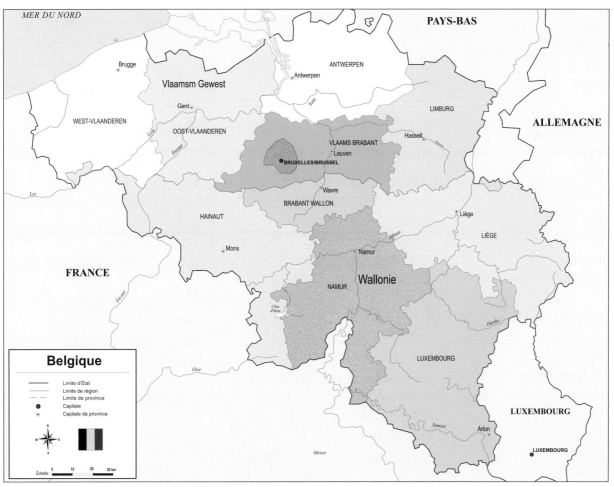

MER DU NORD

PAYS-BAS

Brugge
Vlaamsm Gewest
Antwerpen
ANTWERPEN
Nete
WEST-VLAANDEREN
Gent
Leie
OOST-VLAANDEREN
LIMBURG
Hasselt
ALLEMAGNE
Escaut
VLAAMS BRABANT
Leuven
BRUXELLES/BRUSSEL
Wavre
Lys
HAINAUT
BRABANT WALLON
Liège
LIÈGE
Meuse
Mons
Namur
Escaut
NAMUR
Wallonie
FRANCE
L'Eau
d'Heure
Ourthe
LUXEMBOURG
Oise
LUXEMBOURG
Semois
Arlon
Meuse
LUXEMBOURG

Belgique

― Limite d'État
― Limite de région
--- Limite de province
● Capitale
⊙ Capitale de province

Échelle: 0 10 20 30 km

Index analytique

Glossaire

The following abbreviations are used throughout the glossary:

f	*féminin*	feminine
m	*masculin*	masculine
pl	*pluriel*	plural
prep	*préposition*	preposition

1. PARLEZ-VOUS FRANÇAIS ?

à *prep*	at/to/for
accent aigu	acute accent
accent grave	grave accent
ainsi que	as well as
ajouter (s')	to be added
aller	to go
alliant	allying
ami/e(s) *m/f*	friend
amitié *f*	friendship
amour *m*	love
appeller (s')	to call
argent *m*	money
Atlantique	Atlantic
attendu/e(s)	expected
au (à + le)	to the/at the
aujourd'hui	today
auquel	to which/at which
aussi	also
autant	so much
autre(s)	other(s)
avec	with
avide(s)	eager
bar *m*	bar
bastide *f*	fortified town
battu/e(s)	beaten

beauté *f*	beauty
Belgique	Belgium
bien	good
bienvenue *f*	welcome
billet de train *m*	train ticket
bonjour	hello
bonsoir	good evening
boulangerie *f*	bakery
boutique *f*	boutique
brochure *f*	brochure
bus *m*	bus
ça	that
café (bar) *m*	café
cahier *m*	exercise book
Canada	Canada
canal/canaux *m*	canal(s)
capitale *f*	capital
carte de visite *f*	business card
cathédrale *f*	cathedral
cave *f*	cellar
ce/ces/cette(s)	this/there
chaise *f*	chair
chaleur *f*	warmth
charme *m*	charm
château *m*	castle
classe *m*	class
comme	like
comment allez-vous ?	how are you?

comment ça s'écrit ?	how is that written?
comment dit-on ?	how do you say?
commercial/e(s)	salesperson
compléter	to fill in/complete
complicité *f*	complicity
comprendre	to understand
construction *f*	building
convenir	to suit/agree
corbeille *f*	wastepaper bin
cours *m*	class
créer	to create
curiosité *f*	curiosity
d'/de	from/of
dans	in
découvert/e(s)	found/discovered
déjà	already
dire	to say
diversité *f*	diversity
document *m*	document
domaine Internet *m*	Internet domain
du (de + le)	of the/from the
eau *f*	water
église *f*	church
élève *m/f*	pupil
embarcation *f*	(small) boat

en *prep*		in/on/to/by
en *pronoun*		it
en partie		in part
entre		between
épeler		to spell
escale *f*		stopover
estuaire *m*		estuary
et		and
étonner		to surprise/astonish
fabuleux/-se (-ses)		fabulous
faire		to do
fête nationale *f*		national holiday
fin *f*		end
finir		to finish
fluvial/e(s)		fluvial
français *m*		the French language
français/e(s)		French
francophonie *f*		French-speaking
garantie *f*		guarantee
gare *f*		station
gens *f*		people
grand/e(s)		large
histoire *f*		history/story
horaires *m pl*		timetable/opening hours
hors		outside
hôtel *m*		hotel
il y a		there is
important/e(s)		important/large
jazz *m*		jazz
je		I
jonction *f*		junction
jour *m*		day
langue *f*		language
la, le, l'/les		the
le plus		the most
livre(s) *m*		book
me/m'		me
madame		Mrs.
mais		but
maison *f*		house
majestueux/-se(s)		majestic
me/m'		me
méritent see **mériter**		to deserve
métro *m*		underground
moi		me
monde *m*		world
monnaie *f*		change
monsieur		Mr.
mot(s) *m*		word
mur(s) *m*		wall
musée(s) *m*		museum
navigable(s)		clear
navigation *f*		navigation
ne/n'		not
notre		our
nouveau(x)/nouvel/le(-s)		new
Office du Tourisme *m*		Tourism Office
offre		offer
on		we/you
original/aux/-ale(s)		original
ou		or
page *f*		page
par		per/by
parc *m*		park
parfaitement		perfectly
parisien/-ne		Parisian
parler		to speak/talk
partie		part
pas		not
paysage *m*		countryside
permit		allow/enable
piste cyclable *f*		cycle lane
plaisancier *m*		(amateur) sailor
plan de ville *m*		town map
plus		more
population *f*		population
poste *f*		post
pour		for
pouvoir		can/may
présenter		to introduce
publicité *f*		advertising
qu'est-ce que		what is
qu'est-ce que c'est ?		what is this?
qu'est-ce que ça veut dire ?		what does that mean?
réalisé		made/realised
réseau *m*		network
restaurant *m*		restaurant
riche(s)		rich
rivière *f*		river
rue *f*		street
s'il vous plaît		please
salle *f*		room
salut *m*		hi

sauvage(s) *m*   wild

secteur(s) *m*   sector

sentier(s) *m*   path/track

siècle *m*   century

spécialité *f*   speciality

stratégies *f*   strategies

sud *m*   south

Suisse   Switzerland

sur *prep*   on

table *f*   table

tableau *m*   chart

tant   so much/so many

tantôt   sometimes

taxi *m*   taxi

téléphone *m*   telephone

terre *f*   land

théâtre   theatre

toi   you

tourisme *m*   tourism

touristique(s)   touristic

tous/tout/ toute(s)   all

tout   everything

train *m*   train

tranquille(s) *m*   peaceful

tranway *m*   tram

tutoyer   to address someone using the informal **tu**

un/e   a

vacances *f*   holiday

vaste(s)   huge

venir   to come

vignoble *m*   vineyard

village *m*   village

ville *f*   town

visiter   to visit

voie *f*   lane/track

vouloir   to want

voyager   to travel

y   it/there

2. ELLE S'APPELLE LAURA

acteur/-trice *m/f*   actor/actress

adresse électronique *see* **courriel**   email address

affaires *f*   belongings

âge *m*   age

algérien/ne(s)   Algerian

allemand/e(s)   German

an(s) *m*   year

année *f*   year

archéologie *f*   archaeology

audiovisuel *m*   audiovisual

avec *prep*   with

avoir   to have

basket   basketball

bateau-mouche *m*   Parisian pleasure boat

bâtiment *m*   building

belge(s)   Belgian

bonjour   hello

C.V. *m*   CV

ça va ?   how are you?

café *m*   café

canadien/-ne(s)   Canadian

c'est   it is/that is

chanteur/-euse *m/f*   singer

chinois/e(s)   Chinese

chômage *m*   unemployment

classe *f*   class

client/e(s) *m*   client

collègue *m/f*   colleague

comment vous appelez-vous ?   what is your name?

compte bancaire *m*   bank account

courriel *m*   email

des   some

dessinateur/- trice *m/f*   drawer

écrivain/e *m/f*   writer

elle   she/it

en *prep*   in

enseignement *m*   teaching

est-ce que vous voulez un café ?   would you like a coffee?

être   to be

études *f*   studies

étudiant/e *m/f*   student

étudier   to study

France   France

francophone(s)   French-speaking

guide touristique *m/f*   tour guide

identité *f*   identity

il   he/it

informatique *f*   computing

italien/-ne(s)   Italian

joueur/-euse *m/f*	player	
lampe *f*	lamp	
lire	to read	
loto *m*	lotto/bingo	
mail *m*	email	
maman *f*	Mum	
marketing *m*	marketing	
marocain/e(s)	Moroccan	
mode *f*	fashion	
nationalité *f*	nationality	
nom *m*	surname	
numéro *m*	number	
ordinateur *m*	computer	
origine *f*	origin	
pays *m*	country	
plaisir *m*	pleasure	
plan *m*	map	
plante *f*	plant	
pompier *m*	fireman	
portrait *m*	portrait	
pourquoi	why	
premier/-ière(s)	first	
prénom *m*	first name	
prix *m*	price/prize	
professeur/e *m/f*	teacher	
profession *f*	profession	
qu'est-ce que vous faites dans la vie ?	what do you do for a living?	
québécois/e(s)	Quebecois	
quel âge avez-vous ?	how old are you?	
quel est votre numéro de téléphone ?	what is your telephone number?	

quelle est votre adresse électronique ?	what is your email address?
quelle est votre nationalité ?	what nationality are you?
qui est-ce ?	who is it?
salut tout le monde	hi everyone
SAMU *m*	French emergency medical service
secrétariat *m*	secretariat
son	his/its
suisse(s)	Swiss
sur *prep*	on
téléphone *m*	telephone
tourisme *m*	tourism
travail *m*	work
travailler	to work
un/e	a
vivre	to live
vouvoyer	to address someone using the formal **vous**

ENTRAÎNEMENT À L'EXAMEN DU DELF: UNITÉS 1 ET 2

adresse *f*	address
âgé/e(s)	old/elderly
annuaire téléphonique *m*	telephone book
avenue *f*	avenue
avocat/e *m/f*	lawyer
carnet d'adresses *m*	address book
chauffagiste *m/f*	heating specialist
ci-dessous	below
combien	how many
date *f*	date
dictionnaire *m*	dictionary
différent/e	different
européen/-ne(s)	European
faux	false
fonctionnaire *m/f*	civil servant
informaticien/-ne *m/f*	IT specialist
jeune	young
journaliste *m/f*	journalist
liste *f*	list
mesdames *f*	Mrs.
moldave	Moldavian
musique *f*	music
naissance *f*	birth
ne... pas	do not
observer	to look at

Glossaire

ouvrier/-ière m/f	worker
presse f	press
professeur m/f	teacher
quel est le numéro de téléphone de… ?	what is …'s telephone number?
quelle est l'adresse de… ?	what is ….'s address?
question f	question
qui	who
répondre	to answer
retraité/e m/f	retired
sans prep	without
suivant	following
texte m	text
traducteur/-trice m/f	translator
violoniste m/f	violinist
vrai	true

3. MON QUARTIER EST UN MONDE

à côté de	next to
à la terrasse	on the terrace
à moins de	less than
à pied	on foot
à portée de main	at your fingertips
aux fenêtres	in the windows
à vélo	by bike
acheter	to buy
agréable(s)	pleasant

aimer	to like
album m	album
allée f	path/lane
aller	to go
ancien/-ne(s)	ancient
animé/e(s)	lively
antiquaire m	antique dealer
appareil photo m	camera
appartement m	apartment
arbre m	tree
architecte m	architect
arrêt de bus m	bus stop
arrondissement m	administrative district
art m	art
asiatique(s)	Asian
asseoir (s')	to sit down
assez	quite
au bord de	on the banks of
autour de	around the
baigner (se)	to bathe
balançoire f	seesaw
ballade f	ballad
banlieue f	suburb
basilique f	basilica
beau(x)/belle(s)	beautiful
beaucoup	a lot
belle see **beau**	beautiful
bibliothèque f	library
bien situé/e(s)	well situated
biologique(s)	biological
boire	to drink
boucherie f	butcher

boulevard m	boulevard
boulodrome m	bowling alley
bruit m	noise
bruyant/e(s)	noisy
bureau de tabac m	tobacconist's shop
bureau(x) m	office
ce sont	there are
centre m	centre
centre-ville m	town centre
c'est	it is
cher/-ère(s)	dear
chez prep	at the home of
chic(s)	smart/classy
cinéma m	cinema
circulation f	traffic
cité f	city
classique	classical
club m	club
collectif/-ve(s)	collective
colonne f	column
commenter	to comment
commerçant/e(s)	shopkeeper
commerce m	commerce
connaître (se)	to know each other
construire	to build
construit/e(s)	built
couleur(s) f	colour
couloir m	corridor
croire	to believe
culturel/le(s)	cultural
cyclable(s)	cyclable
dame f	lady

début *m*	start/beginning	**galerie** *f*	gallery	**maternel/-le(s)**	nursery
déesse *f*	goddess	**génération** *f*	generation	**meilleur/e(s)**	best
derrière	behind	**géranium** *m*	geranium	**même**	same
desservi/e(s)	served by (transport)	**grâce à**	thanks to	**mer** *f*	sea
devant	in front of	**grandir**	to grow	**mieux**	better
dieu *m*	god	**gratte-ciel** *m*	skyscraper	**minute** *f*	minute
dynamique	dynamic	**grec**	Greek	**moderne(s)**	modern
école *f*	school	**gymnase** *m*	gymnasium	**mon**	my
école mater-nelle *f*	nursery school	**habiter**	to live	**montagne** *f*	mountain
école primaire *f*	primary school	**historique**	historic	**monument** *m*	monument
élégant/e(s)	elegant	**hôpital** *m*	hospital	**mosquée** *f*	Mosque
éloigné	distanced	**Hôtel de Ville** *m*	City Hall	**multiculturel/-le(s)**	multicultural
en été	in the summer	**idéal/e(s)**	ideal	**mythologique(s)**	mythological
enfant *m*	child	**il y a... ans**	... years ago	**nain** *m*	dwarf
ensemble	together	**international/e(s)**	international	**national/e(s)**	national
entourée	surrounded	**inventeur** *m*	inventor	**nombreuses**	many
environ	approximately	**jardin** *m*	garden	**nombreux**	many
étage *m*	floor	**joli/e(s)**	pretty	**non**	no
été *m*	summer	**jouer**	to play	**notre**	our
étroit/e(s)	narrow	**journée** *f*	day	**océan** *m*	ocean
façade *f*	façade	**laverie** *m*	laundry	**océan Atlantique** *m*	Atlantic Ocean
famille *f*	family	**lequel**	which	**olympique(s)**	Olympic(s)
famillial/e(s)	family	**lettre** *f*	letter	**où**	where
fenêtre *f*	window	**leurs**	their	**oui**	yes
fleur(s) *f*	flower	**lieu** *m*	place	**pain** *m*	bread
fleuriste *m*	florist	**logement** *m*	accommodation	**paisible(s)**	peaceful
fleuve *m*	river	**loin de**	far from	**paradis** *m*	paradise
fontaine	fountain	**lotissement** *m*	housing estate	**parce que**	because
forme *f*	shape	**magasin** *m*	shop	**parking** *m*	car park
fraîche(s)	fresh/cool	**marché** *m*	market	**particulier/-ière(s)**	particular
frais	fresh	**marché aux Puces** *m*	flea market	**partout**	everywhere
fruit *f*	fruit	**marquer**	to mark/show/note	**pas** *m*	step

Glossaire

peint/e(s)	painted	**resto**	restaurant	**trouver**	to find
penser	to think	**retrouver (se)**	get together	**turc**	Turkish
petit/e(s)	small	**rock**	rock (music)	**unité d'habitation** *f*	housing unit
peu de	little	**romantique(s)**	romantic		
pharmacie *f*	pharmacy	**rue** *f*	street	**vélo** *m*	bike
pièce *f*	room	**rue piétonne** *f*	pedestrian street	**vert/e(s)**	green
pied *m*	foot	**se**	oneself/himself/ herself	**verticale**	vertical
piscine *f*	swimming pool			**vie** *f*	life
piste *f*	track	**saluer (se)**	to greet each other	**vigne** *f*	vine
piste de ski *f*	ski run			**ville** *f*	town
place *f*	place	**entraider (s')**	to help each other	**vivant/e(s)**	lively
plage *f*	beach			**voici**	here is
plus	more	**shopping**	shopping	**votre**	your
pollué/e(s)	polluted	**situé/e(s)**	situated	**week-end** *m*	weekend
pont *m*	bridge	**ski** *m*	skiing	**zig-zag** *m*	zig-zag
port *m*	harbour/port	**soleil** *m*	sun		
porte *f*	door	**son** *m*	sound		
préfecture *f*	prefecture	**spectacle** *m*	show		

4. TES AMIS SONT MES AMIS

préférer	to prefer	**station de métro** *m*	underground station	**à bientôt**	see you later
prendre	to take	**station(s)** *f*	station	**à l'école**	at school
près (de/du)	near	**statue** *f*	statue	**à la maison**	at home
prévoir	to expect	**supermarché** *m*	supermarket	**à la montagne**	in the mountains
produit *m*	product	**sur les pas**	in the footsteps	**ailleurs** *see* **d'ici et d'ailleurs**	elsewhere
professionnel/-le(s)	professional	**surtout**	particularly		
promener (se)	to walk	**sympa**	nice	**alors**	so
public/-que(s)	public	**téléphérique** *m*	cable car	**anglais** *m*	English
pyramide *f*	pyramid	**terrasse**	terrace	**antillais/e(s)**	Antillean
quai	quay	**théâtre** *m*	theatre	**apprendre**	to learn
quartier *m*	district	**toboggan** *m*	toboggan	**arabe**	Arab
qu'y a-t-il… ?	what is there?	**toit** *m*	roof	**auteur** *m*	author
que/qu'	what	**tour** *f*	tower	**barbe** *f*	beard
référence *f*	reference	**tout le monde**	everyone	**Barcelone**	Barcelona
ressembler	to resemble	**transport** *m*	transport	**ben**	well
		très	very	**bizarre(s)**	odd

blanc(s)/-che(s)	white	**correspondant/e(s)** *m/f*	correspondent(s)	**foot**	football
boucle	ring	**cousin/e(s)** *m/f*	cousin(s)	**footballeur** *m*	footballer
boucle(s) d'oreille *f*	earring(s)	**cuisine** *f*	kitchen	**Fort-de-France**	Fort-de-France
bricolage *m*	DIY	**cuisiner**	to cook	**frère/s** *m*	brother(s)
bricoler	to do DIY	**d'ici**	from here	**garçon** *m*	boy
Bruxelles	Brussels	**d'ici et d'ailleurs**	from here and elsewhere	**général/aux**	general
camerounais/e	Cameroonian	**d'origine**	originally	**générale(s)**	general
capitaine *m*	captain	**danse** *f*	dance	**gentil/le(s)**	nice
carnaval(s) *m*	carnival	**décédé/e**	deceased	**golf** *m*	golf
casquette *f*	cap	**dessin** *m*	drawing	**goût(s)**	taste(s)
chanson(s) *f*	song(s)	**drôle(s)**	funny	**groupe** *m*	group
chanter	to sing	**écharpe** *f*	scarf	**guitare** *f*	guitar
chanteur(s)/-euse(s) *m/f*	singer	**écologiste** *m*	ecologist	**hiver**	winter
choisi/e(s)	chosen	**en plus**	in addition	**homme(s)** *m*	man/men
chouchou(s) *m/f*	favourite(s)	**enseignant/e(s)** *m/f*	teacher(s)	**humoriste**	comedian
ciné *see* **cinéma**	cinema	**équipe** *f*	team	**ici**	here
colocataire(s) *m/f*	flatmate	**équitation** *f*	horseriding	**il a l'air** + adj.	he looks + adj.
combien de	how many	**escalade**	climbing	**inscription(s)** *f*	registration(s)
comédien/-ne(s) *m/f*	comedian	**escrime** *m*	fencing	**intelligent/e(s)**	intelligent
communiquer	to communicate	**espagnol/e(s)**	Spanish	**intéressant/e(s)**	interesting
compositeur *m*	composer	**étranger(s)/-ère(s)**	foreigner(s)	**invité/e(s)** *m/f*	guest(s)
condition(s) *f*	condition(s)	**ex**	former	**jardinage** *m*	gardening
connecté/e(s)	connected	**ex-joueur** *m*	former player	**jardiner**	gardener
connexion *f*	connection	**exemple** *m*	example	**jeune femme** *f*	young woman
connu/e(s)	known	**faire du jardinage**	to garden	**jeune homme** *m*	young man
conseil(s) *m*	advice	**fan** *m/f*	fan	**joueur de tennis** *m*	tennis player
cool	cool	**femme(s)** *f*	woman/women	**langue étrangère** *f*	foreign language
copain(s)/copine(s) *m/f*	buddy/chum/mate	**fille** *f*	girl/daughter	**langue(s)** *f*	language(s)
copyright *m*	copyright	**film(s)** *m*	film(s)	**lecteur(s)**	reader(s)
		fils *m*	son	**lectrice(s)** *f*	reader(s)
				lien *m*	link

lieu de naissance *m*	place of birth
liste *f*	list
loisirs *m*	hobbies
lunettes *f*	glasses
ma	my
mari *m*	husband
Maroc	Morocco
mélange *m*	mixture
mère *f*	mother
mes	my
métis/-sse(s) *m/f*	mixed-race
mot de passe *m*	password
musculation *f*	weight training
musique classique	classical music
n'… pas	not
natation *f*	swimming
né/e en…	born in
néerlandais	Dutch
net *m*	clean
nos	our
oreille *f*	ear
parents *m*	parents
pas du tout	not at all
pas trop	not too
passer (des week-ends)	to spend (weekends)
passion *f*	passion
pendant	during
père *m*	father
personnalité *f*	personality
personne(s) *f*	person/people

petit/e(s) ami/e(s) *m/f*	boyfriend(s)/girlfriend(s)
piano *m*	piano
pique-nique *m*	picnic
polonais	Polish
populaire	popular
pratiquer	to practise
préféré/e(s)	favourite
prof *m/f*	teacher
professeur de danse *m*	dance teacher
professeur de musique *m*	music teacher
pseudo *m*	nickname
qualité(s) *f*	quality/qualities
quel(s)/quelle(s)	which/what
quelqu'un	someone
quelques	some
quiz	quiz
religieuse *f*	nun
rencontre(s) *f*	meeting(s)
reporter *m*	reporter
rouge(s)	red
rugby *m*	rugby
salut à tous	hi everyone
ses	his/her/their
signe astrologique *m*	star sign
site *m*	website
site de rencontres	meeting site
soeur *f*	sister
soir *m*	evening
son	his/her
sortir	to go out

souvent	often
sport *m*	sport
sportif/-ve(s)	sporty
sports d'hiver *m*	winter sports
succès *m*	success
sujet *m*	subject
ta, ton /tes	your
télévision *f*	television
temps *m*	time
temps libre *m*	free time
tennis *m*	tennis
timide	shy
tout va bien	everything's fine
un peu	a bit
voisin/e(s) *m/f*	neighbour
vous	you

ENTRAÎNEMENT À L'EXAMEN DU DELF: UNITÉS 3 ET 4

à destination de	bound for/going to
à nouveau	again
aéroport *m*	airport
aimer	to love
après	after
arrêt *m*	stop
attention	careful
avion *m*	plane
chanteuse	singer
chaque	each

correspondant à	corresponding to
d'abord	first/before
destination *f*	destination
dialogue(s) *m*	dialogue
diriger (se)	to go to
écoute(s) *f*	hearing(s)
en classe	in class
entendre	to hear
fois *f*	time
gare routière *f*	bus station
habiter	to live
image(s) *f*	picture(s)
mairie *f*	town hall
message *m*	message
Montréal	Montreal
numéro de téléphone *m*	telephone number
où est-ce ?	where is…?
passager(s) *m*	passenger(s)
pause *f*	break
plusieurs	several
près de	near
puis	then
qu'est-ce qu'on demande ?	what is being asked for?
réponse(s) *f*	answer(s)
sa	her
seconde *f*	second
seulement	only
situation(s) *f*	situation(s)
vérifier	to check
vers	around
vos	your

5. JOUR APRÈS JOUR

à cause de	because of
à l'heure	per hour
à quelle heure…	what time
abeille *f*	bee
actif/-ve(s)	active
adolescent/e(s) *f*	teenager(s)
ainsi	thus
air *m*	air
animal (animaux) *m*	animal (animals)
anniversaire *m*	birthday
après-midi *m*	afternoon
art martial	martial art
autre(s)	other(s)
avant (de)	before
avril	April
bambou	bamboo
basse(s)	low
bavard/e(s)	chatty
boisson(s) *f*	drink(s)
boulot *m*	work
car	because
casanier/-ière(s)	homebody
ce que	what
chance *f*	luck
chat/-te(s) *m/f*	cat(s)
chocolat *m*	chocolate
chorale *f*	choir
coiffeur *m*	hairdresser
collé/e(s)	stuck
combien de fois	how often

combien de temps	how many times
communauté *f*	community
coquet/-te(s)	flirt
corps *m*	body
correcteur *m*	proofreader
coucher	to go to bed
courant *m*	current/stream
courant d'air *m*	draught
courir	to run
crème(s) *f*	cream
de temps en temps	from time to time
de… à	from… to
déjeuner *m*	lunch
désordonné/e(s)	disorderly
dessin(s) *m*	drawing(s)
déterminé/e(s)	determined
dimanche *m*	Sunday
dimanche matin	Sunday morning
dîner *m*	dinner
dis donc	well
dodo *m*	sleep
dormir	to sleep
douche *f*	shower
du matin	in the morning
du soir	in the evening
écologiste/ écolo	ecologist
en famille	informally
en plus de	as well as
encore	more
énergie *f*	energy
enfant(s) *m*	child/children
est-ce que…	do

Glossaire

et demie	half past	manger	to eat	par jour	per day
et quart	a quarter past	mardi *m*	Tuesday	par mois	per month
excitant/e(s)	exciting	martial	martial	paresseux/-euse(s)	lazy
excusez-moi	excuse me	match *m*	match	parfois	sometimes
faible	weak	matin *m*	morning	parmi	among
félicitations *f*	congratulations	mauvais/e	bad	pas moi	not me
fêtard/e(s)	partygoer	médicament(s) *m*	medicine(s)	pas souvent	not often
fils *m*	son	mercredi *m*	Wednesday	peau *f*	skin
fourmi *f*	ant	mercredi après-midi	Wednesday afternoon	petit déjeuner *m*	breakfast
gourmand/e(s)	food-loving	métro, boulot, dodo	underground, work, sleep	philosophie *f*	philosophy
gratuit(s)	free	midi *m*	midday	plutôt	rather
gravé(s)	etched/carved	million(s) *m*	million(s)	poids *m*	weight
gymnastique *f*	gymnastics	minimum	minimum	portable(s)	mobile phone(s)
habiller	to dress	minuit	midnight	porte(s) *f*	door(s)
habitant(s) *m*	inhabitant(s)	minute(s) *f*	minute(s)	pratique	practice
habitude(s) *f*	habit(s)	miroir *m*	mirror	précédant	preceding
heure	time	modèle	model	presque	almost
homéo-pathique(s)	homeopathic	moi aussi	me too	pressé(s)	hurried
image(s) *f*	picture(s)	moi non plus	me neither	prétentieux/-euse(s)	pretentious
immeuble(s) *m*	building(s)	moi si	Well, I do	prix *m*	prize
informations *f*	information	moins de	less than	proposition(s) *f*	suggestion
intellectuel/-le(s)	intellectual(s)	moins le quart	a quarter to	propre(s)	own
jamais	never	mois *m*	month	protégé/e(s)	protected
jeudi *m*	Thursday	moment(s) *m*	time(s)	psychotrope(s) *m*	psychoactive drug(s)
jour après jour	day after day	non ?	no?	quai(s) *m*	platform
journal *m*	newspaper	non plus	neither	quand	when
journaux *m*	newspapers	occidental/e(s)	western	quart	quarter
ligne(s) *f*	line(s)	octobre	October	quelle chance !	What luck!
lundi *m*	Monday	oreille(s) *f*	ear(s)	quelle heure est-il ?	what time is it?
lundi soir	Monday evening	organisé/e(s)	organised	quelle(s)	which
macrobiotique	macrobiotic	panda *m*	panda		
mal	badly	par an	per year		

rapide(s)	quick	**toi non plus**	you neither	**acheteur/-euse(s)** *m/f*	buyer(s)
rapidement	quickly	**tortue** *f*	turtle	**ado(s)** *m/f*	teenager(s)
régulariser	to regularise	**tôt**	early	**adulte(s)** *m*	adult(s)
rendre	to make	**toujours**	always	**affreux/-se(s)**	terrible
repas *m*	meal	**tous les jours**	every day	**aider**	to help
rollers *m*	rollerblades	**tous les matins**	every morning	**alimentaire(s)**	food
samedi *m*	Saturday	**tout le temps**	all the time	**anorak(s)** *m*	anorak
samedi soir	Saturday evening	**travailleur/-euse(s)**	worker(s)	**argenté/e(s)**	silver
se coucher	to go to bed			**article(s)** *m*	article(s)
se doucher	to have a shower	**travaux** *m*	work	**au revoir**	goodbye
se lever	to get up	**trente**	thirty	**avoir l'oeil**	to keep an eye on
se maquiller	to put on make-up	**trop**	too		
		vendredi *m*	Friday	**bain** *m*	bath
se raser	to shave	**vendredi soir**	Friday evening	**ballerine(s)** *f*	ballet shoes
selon	according to	**vitesse** *f*	speed	**bancaire**	bank
semaine(s) *f*	week(s)	**vitre(s)** *f*	window pane	**bas** *m*	stockings
série *f*	series	**vitrine(s)** *f*	window (shop, display)	**basket(s)** *f*	trainer(s)
site(s) *m*	website(s)			**beige(s)**	beige
son	his/her	**volume** *m*	volume	**bien sûr**	of course
souterrain/e	underground	**voyage(s)** *m*	journey	**billet** *m*	ticket
stress *m*	stress	**yoga** *m*	yoga	**billet d'avion** *m*	plane ticket
structuré/e(s)	structured			**biscuit** *m*	biscuit
sur la plage	on the beach			**bleu/e(s)**	blue
tag(s) *m*	graffiti			**bois** *m*	wood
tard	late			**bon/-ne(s)**	good
taux *m*	rate			**bon/-ne(s)**	correct
télé *f*	TV			**bonbon** *m*	sweet
téléphone(s) portable(s) *m*	mobile phone(s)			**bonhomme** *m*	gentleman
température(s) *f*	temperature(s)			**bonne journée**	have a good day
temps	time			**bonnes affaires** *f*	good deals
tendu	tight			**bonnet(s)** *m*	hat(s)
timide(s)	shy			**bord(s)** *m*	side(s)
tisane(s) *f*	herbal tea(s)			**botte(s)** *f*	boot(s)

6. ON FAIT LES BOUTIQUES ?

à capuche	hooded
à carreaux	squared
à fleurs	flowered
à la campagne	countryside
à manches courtes	short-sleeved
à manches longues	long-sleeved
à rayures	striped
à talons	heeled
accessoire(s) *m*	accessory/accessories

Glossaire

boutique(s) *f*	boutique(s)
brosse *f*	brush
brosse à dents *f*	toothbrush
budget *m*	budget
c'est combien...	how much is...
c'est pour vous ?	is it for you?
cadeau *m*	present
camarade *m/f*	classmate
campagne	countryside
capuche *f*	hood
caramel	caramel
carreau(x) *m*	square
carte(s) *f*	map(s)
carte routière *f*	road map
célèbre(s)	famous
centimètre/cm	centimetre
certain/e(s)	certain
chair *f*	flesh
changer	to change
charade *f*	charade
chaud	hot
chaussette(s) *f*	sock(s)
chaussure(s) *f*	shoe(s)
chemise(s) *f*	shirt(s)
chiner	to dye
chouette	lovely!, terrific!
cliquer	to click
coin(s) *m*	corner/area
collant(s) *m*	tights
comment	how
comment tu trouves ?	how do you find?
consommation	consumption
coton	cotton

couleur chair *f*	flesh coloured
courses *f*	shopping
court/e(s)	short
couteau(x) *m*	knife/knives
crème solaire *f*	suntan lotion
cuir	leather
culotte(s) *see* **petite culotte**	knickers
d'accord	okay
déco *f*	decoration
décoration *f*	decoration
déguster	to taste
dent(s) *f*	tooth/teeth
dentifrice *m*	toothpaste
depuis	since
dernier/-ière(s)	last
dessous-de-plat *m*	Table mat
devinette *f*	riddle
doré/e(s)	gold
dos *m*	back
DVD *m*	DVD
Éclat de Lior	Éclat de Lior
eh bien	well then
en *prep*	in
en bois	wooden
en coton	cotton
en cours	underway
en cuir	leather
en jean	denim
en laine	woollen
en lin	linen
en pique-nique	picnicking
en randonnée	hiking

en toile	fabric
en velours	velvet
en week-end	for the weekend
entrée(s) *f*	entry/entries
entreprise(s) *f*	company/ companies
étalages *m*	displays
euro(s)	Euro(s)
excentrique(s)	eccentric
fabriqué en	made in
fabriqué/e(s)	made
faire les courses	to go shopping
fameux/-euse(s)	famous
fort/e(s)	strong
français/e	French
France	France
froid	cold
gastrono-mique(s)	gastronomic
genre *m*	type
gourmandise *f*	delicacy
goûter *m*	to taste
gramme	gram
gris/e(s)	grey
gros/-se(s)	fat
guide(s) *m*	guide(s)
humeur *f*	humour
indécis/e	undecided
intense(s)	intense
jaune(s)	yellow
je/j'	I
jean *m*	jeans
jeune	young
jupe(s) *f*	skirt(s)

laine		wool
le plus de		the most
lecteur mp3	m	mp3 player
lin		linen
lingerie	f	lingerie
liqueur(s)	f	liqueur
literie	f	bedding
livre(s)	m	book(s)
long(s)/-gue(s)		long
look	m	look
lunettes de soleil	f	sunglasses
maillot de bain	m	swimming costume
maillot(s)	m	vest
main(s)	f	hand(s)
maladroit/e(s)		clumsy
manche	m	handle
manche(s)	f	sleeve(s)
marchand/e(s)		merchant
mariage	m	marriage
marque(s)	f	brand(s)
marron		brown
mauve		mauve
merci		thank you
métier(s)	m	profession(s)
mettre		to put
n'importe quelle		whichever
noir/e(s)		black
nommé/e(s)		called
objet	m	object
oeil	m	eye
Opinel	m	penknife
orange		orange
ouvert/e(s)		open
pantalon(s)	m	trousers
papillote	f	wrapping paper
paquet	m	packet
par carte		by letter
par exemple		for example
parce que/qu'		because
parfum(s)	m	perfume(s)
parfumerie(s)	f	perfume shop(s)
patient/e(s)		patient
petite(s) culotte(s)	f	knickers
peu		little
peu d'		little
plat	m	dish
plat à tarte	m	tart dish
pliable(s)		pliable
pneu(s)	m	tyre(s)
poche	f	pocket
pointure	f	size
possible		possible
prêt/e(s)		ready
publicité(s)	f	advertising
pull(s)	m	jumper(s)
que désirez-vous ?		what would you like?
quelque chose		something
raison		reason
randonnée	f	hike/trek
rare(s)		rare
rayé/e(s)		striped
rayure(s)	f	stripe/striping
rébus	m	puzzle
rechercher		look for, search for
rendu/e(s)		made
robe(s)	f	dress/dresses
rôle(s)	m	role(s)
rose(s)		pink
routier/-ière(s)		road
sac	m	bag
sac à dos	m	backpack
sac à main	m	handbag
sandale(s)	f	sandal(s)
sèche-cheveux	m	hairdryer
serviette	f	towel
serviette de bain	f	bath towel
shampoing	m	shampoo
si		if
solaire(s)		solar
son		his/her
sous		under
sous-tasse(s)	f	saucer
soutien-gorge	m	bra
spécialisé/e(s)		specialist
stand	m	stand
style	m	style
super		super
taille	f	size
talon(s)	m	heel(s)
tarte	f	tart
tasse(s)	f	cup(s)
technique(s)	f	technique(s)
tee-shirt(s)	m	T-shirt(s)
tendance(s)	f	trend
tenez		hold on!/wait!
toile	f	fabric

Glossaire

total   total

trouver   to find

valeur *f*   value

velours *m*   velvet

vendeur/-euse(s) *m/f*   seller(s)

vendre   to sell

vêtements *m*   clothes

vin(s) *m*   wine(s)

violet/-te(s)   purple, violet

voilà   here is/there is

voiture(s) *f*   car(s)

volontaire(s)   voluntary

ENTRAÎNEMENT À L'EXAMEN DU DELF: UNITÉS 5 ET 6

métier *m*   profession

service clients *m*   customer service

7. ET COMME DESSERT ?

à point   medium-rare

à table   food's ready!

addition *f*   bill

aliment *m*   food

alimentation *f*   food

apéritif *m*   apéritif

avalé   swallowed

baguette *f*   baguette

banane *f*   banana

beurre *m*   butter

bien cuit   well done

bière *f*   beer

bio   organic

boeuf *m*   beef

boire   to drink

boîte *f*   box

bol *m*   bowl

boule de glace *f*   scoop of ice cream

bouteille *f*   bottle

bravo   bravo

bu *see* **boire**   drunk

buffet *m*   buffet

cantine *f*   canteen

carafe *f*   carafe

céréale *f*   cereal

cerise(s) *f*   cherry/cherries

champagne *m*   champagne

chantilly *f*   Chantilly cream

charcuterie *f*   charcuterie

chef *m*   chef

chèvre chaud *m*   warm goat's cheese

choix *m*   choice

clafoutis   cherry tart

cocktail *m*   cocktail

colin *m*   pollock

collégien *m*   college student

compote *f*   compote

concombre *m*   cucumber

confiture *f*   jam

couscous *m*   couscous

crêpe *m*   crêpe

crêperie *f*   crêperie

de l'   some

délicieux/-se   delicious

demi-pensionnaire *m*   pupil who takes school dinners

dessert *m*   dessert

dîner   dinner

distributeur automatique *m*   vending machine

doux   sweet

entrée *f*   starter

étape   step/stage

étoile *f*   star

féculent *m*   starchy food

fêter *f*   to celebrate

filet *m*   fillet

foie gras *m*   foie gras

four *m*   oven

fromage *m*   cheese

fromage fondu *m*   melted cheese

gazeuse   fizzy

glace *f*   ice cream

gourmet *m*   gourmet

goût *m*   taste

guide *m*	guide
horrible	terrible
huître(s) *f*	oyster(s)
ingrédient *m*	ingredient
invitation *f*	invitation
inviter	to invite
jambon *m*	ham
jus *m*	juice
kilo *m*	kilo
lait *m*	milk
légume *m*	vegetable
litre *m*	litre
malbouffe *f*	junk food
menu *m*	menu
miel *m*	honey
noix *f*	walnut
nomadisme alimentaire *m*	snacking, eating 'on the go'
nourriture *f*	food
oeuf *m*	egg
olive(s) *f*	olive(s)
omelette *f*	omelette
partir	to leave
pas mal	not bad
plat du jour *m*	dish of the day
plat principal *m*	main course
plate	flat
poisson *m*	fish
pomme de terre *f*	potato
pot *m*	jar
potage *m*	soup
poulet *m*	chicken
préférence *f*	preference

résultats *m*	results
riz *m*	rice
sachet *m*	sachet
saignant	rare
salade *f*	salad
salé/e(s)	salty
sandwich *m*	sandwich
santé *f*	health
saumon *m*	salmon
saveur *f*	flavour
secret *m*	secret
semoule *f*	semolina
snack *m*	snack
soirée *f*	evening
soupe *f*	soup
steak *m*	steak
sucre *m*	sugar
sucré/e(s)	sugary
sucreries *f*	sugary food
surgelé/e(s)	frozen
tablette *f*	bar (e.g., of soap)
taboulé *m*	tabbouleh
test *m*	test
thé *m*	tea
tomate *f*	tomato
tout de suite	immediately
traiteur *m*	caterer
végétarien/-ne	vegetarian
verre *m*	glass
viande rouge *f*	red meat
vin *m*	wine
volaille *f*	poultry
yaourt *m*	yoghurt

8. JE SAIS BRICOLER

à l'étranger	foreign
accompagnateur *m*	accompanist
affaires *f*	belongings
agence de voyages *m*	travel agency
aile *f*	wing
assistante sociale *f*	social worker
association *f*	association
aventurier/-ière	adventurer
baby-sitting *m*	babysitting
banque *f*	bank
banque du temps *f*	time bank
bénévole *m*	volunteer
bibliothécaire *f*	librarian
bilan *m*	assessment
bonheur *m*	happiness
cadeau *m*	present
centre d'intérêt *m*	centre of interest
chambre *f*	room
cheval/-aux *m*	horse
chômeur *m*	unemployed person
cloche *f*	bell
communicatif/-ve(s)	communicative
compétence *f*	skill
connaissance *f*	knowledge
conservatoire *m*	conservatory
coopérant *m*	participant
cours *m*	class

cuisinier *m*	cook	
cultivé/e	cultured	
dangereux/-euse	dangerous	
défavorisé/e(s)	underprivileged	
devoirs *m*	tasks/duties	
doué/e	gifted	
dresseur *m*	tamer	
éducateur *m*	educator	
éducation *f*	education	
emploi *m*	job	
en cours	under way	
engagé/e(s)	committed	
expérience *f*	experience	
généreux/-euse	generous	
glacée	iced	
handicapé *m*	handicapped	
humanitaire	humanitarian	
illétrisme *m*	illiteracy	
infirmière *f*	nurse	
liaison *f*	liaison	

lutte *f*	fight	
marié	married	
mère au foyer *f*	housewife	
monter (à cheval)	to mount (a horse)	
musical/e(s)	musical	
nettoyage *m*	cleaning	
objectif *m*	objective	
parcours *m*	route	
pièce de théâtre *m*	play	
pilote *m*	pilot	
poisson d'avril *m*	April fool	
poste *m*	post	
problème *m*	problem	
professeure *f*	teacher	
progrès *m*	progress	
restauration *f*	dining	
recette *f*	recipe	
région *f*	region	
réparation *f*	repair	

résoudre	to resolve	
savoir	to know	
savoir(s) *m*	knowledge	
service *m*	service	
sport à risque	extreme sport	
tapis *m*	carpet	
tapis roulant *m*	conveyor belt	
toilettes *f*	toilets	
troc *m*	barter	
vache *m*	cow	
vol *m*	flight	

ENTRAÎNEMENT À L'EXAMEN DU DELF: UNITÉS 7 ET 8

habitude *f*	habit	
revue *f*	review	